© ELEFANTEN PRESS VERLAG GMBH 1986

Alle Nachdrucke, Vervielfältigungen jeder Art,
Verwendung in Funk und Fernsehen sowie
sonstige Verwertungen auch in Auszügen, nur mit
schriftlicher Genehmigung des Verlags.
Alle Rechte vorbehalten.

Redaktion / Lektorat: Hermann-J. Pölking
Bildredaktion und -recherche: Helmut Albers,
Hermann-J. Pölking
Cover: Jürgen Holtfreter
Herstellung und Layout: Helmut Albers Herstel-
lungsservice, Bremen

Satz: Limone, Berlin
Lithografie: Claus Iller, Köln (Umschlag)
und ATL Reprotechnik, Bremen
Druck: Oktoberdruck, Berlin
Bindung: Heinz Stein, Berlin

Auflage: 5 - 4 - 3 - 2 - 1
(letzte Ziffer nennt Auflage)
Erscheinungsjahr 1988 1987 1986
(letztes Jahr ist das Erscheinungsjahr)

ISBN 3 - 88520 - 215 - 8

ELEFANTEN PRESS Verlag GmbH
Postfach 30 30 80, 1 Berlin 30

ELEFANTEN PRESS Galerie
Zossener Str. 32, 1 Berlin 61

Bildnachweis

Alfred Gottwaldt: 1, 36, 37
Bremer Straßenbahn AG: 3, 23, 35, 62, 63,
64, 65, 67, 90
Stadtwerke Offenbach: 5
Landesbildstelle Hamburg: 6, 19
Landesbildstelle Berlin: 7, 15, 20, 26, 39,
40, 52, 53, 93
Edition Diesel Queen: 8, 29, 81, 83, 85, 87,
97
Hamburger Hochbahn: 13, 14, 22, 37, 50,
56, 57, 58, 109, 110, 111
Archiv Kubisch: 17, 22, 23, 24, 24, 25, 26,
27, 34, 41, 42, 43, 48, 49, 101, 102
Berliner Verkehrs Betriebe (BVG): 18
Daimler-Benz AG: 21, 66, 68, 69, 70, 71,
108
Ford-Werke AG: 22, 33, 102
Adam Opel AG: 28, 109
Rolf Ludewig: 30, 31, 32, 96
Museum für Verkehr und Technik Berlin:
31, 32, 38, 39, 45, 47, 68, 82, 83, 84, 91, 94,
99, 100, 103, 104, 105, 106, 109
Verkehrs und Wasser GmbH: 33
Wuppertaler Stadtwerke: 38, 40
Staatsarchiv Bremen: 44
Karl Kässbohrer: 46, 72, 74, 75, 77, 100
Photohaus Pförtner: 49
Stadtwerke München: 59, 60, 61
Verkehrs-Aktiengesellschaft Rhein-Main:
73, 93
Auwärter/Neoplan: 80
MAN: 86
Dortmunder Stadtwerke: 89 107
Alfred Krupp AG: 85
IVECO / Magirus: 98
Audi AG: 101
Üstra Hannover: 101

Wir danken der Edition Diesel Queen, die
uns ihr Archiv zur Verfügung gestellt hat,
und empfehlen die Postkarten-Serien, über
die Informationen unter dieser Anschrift
bezogen werden können:

Edition Diesel Queen
Niedstr. 34
1000 Berlin 41

CIP-Kurztitelaufnahme der Deutschen Bibliothek

Omnibus : Haltestellen für alle ; Bahnbrechendes
von Postkutschen, Trolleys, Doppeldeckern,
Überlandbussen u. Luxuslinern / Ulrich Kubisch.
- Berlin : Elefanten Press, 1986.
  (EP ; 215) (Reihe Verkehrskultur und -technik)
  ISBN 3 - 88520 - 215 - 8
NE: Kubisch, Ulrich (Hrsg.); 1. GT

ULRICH KUBISCH

OMNIBUS
HALTESTELLEN FÜR ALLE

**Bahn-brechendes von Postkutschen, Trolleys,
Doppeldeckern, Überlandbussen u. Luxuslinern**

Reihe
VERKEHRSKULTUR
UND -TECHNIK
herausgegeben von
Ulrich Kubisch und
Hermann-J. Pölking

ELEFANTEN PRESS

Inhalt

Alleskönner
für alle

Zwei Jahrzehnte bestimmte in den meisten deutschen Städten die Dreifaltigkeit von Obus, Straßenbahn und Nahverkehrsbus den öffentlichen Nahverkehr. Hier die drei Traditionsarbeiten bei den Stadtwerken Offenbach im Jahre 1955.

Im Juni 1926 schloß die Zeche Bork/Lippe nach nicht einmal zwanzigjährigem Betrieb. 2.500 Bergleute wurden arbeitslos. Viele hatten sich eigens wegen der Arbeit auf der Zeche in der Kleinstadt des nördlichen Ruhrgebiets angesiedelt. Am Ort selbst fanden sie keine Arbeit. Weitere Zechen in unmittelbarer Nähe gab es nicht, auch keine Eisenbahnverbindungen, abgesehen davon, daß Bahnhöfe auch im Ruhrgebiet nicht in der Nähe von Schachtanlagen errichtet wurden. Niemand hätte in den zwanziger Jahren wegen zweieinhalbtausend arbeitsloser Bergleute Millionensummen investiert und Gemeindegrenzen überschreitende Straßenbahnlinien verlegt. Tausende von Bergarbeiterfamilien hätten also ihre Wohnungen aufgeben und umziehen müssen. Aber im Jahre 1926 war das Automobil bereits gute vierzig Jahre alt und von einer belächelten Idee zu einem technisch ausgereiften Transportmittel geworden. Mit ihm wurden als »Lastkraftwagen« bereits grössere Gütermengen bewegt. Aus den zwei- und viersitzigen Motorkutschen war im Siegerland bereits im Jahre 1895 erstmals ein Fahrzeug »für alle« — der »Omnibus«, ein kollektives Verkehrsmittel, geworden. Waren die Lastwagen zunächst etwas größer konzipierte Per-

sonenwagen, wurden sie Jahre später schon von den Lastkraftwagen abgelöst. Heinrich Büssings Ausspruch »Ich will Wagen bauen für Leute, die sonst zu Fuß laufen müßten« belegt weniger den sozialen Impetus des harten Kapitalisten (siehe Büssing Kapitel) als vielmehr die Marktlücke, die sich den Automobilherstellern nach der Jahrhundertwende auftat. Noch fünfzig Jahre würde es dauern, bis sich Leute, »die sonst zu Fuß laufen« ein Auto leisten können. Kollektiviert, gemeinsam in einem Auto »für alle«, ergaben sie eine Last, die bequemer als Mehlsäcke und ohne Ladehilfe transportiert werden konnte. Pfennig für Pfennig waren Fußgänger und bisher Immobile genauso ein Geschäft wie sonstiges Speditionsgut. Es konnte allerdings nur dort gemacht werden, wo konzessionierte Eisen- und Straßenbahnen wegen der enormen Investition in Gleiskörper und Streckenwartung nicht mehr lukrativ waren. Wie etwa in Bork. Für die Borker Bergleute richteten die »Vestischen Strassenbahnen« in Herten einen Linienverkehr zu den anderen Zechen des nördlichen Ruhrgebiets im Raum Recklinghausen — Dattel — Dortmund ein. Nun griff die Vestische für den Verkehr zu insgesamt sechs Schachtanlagen nicht auf »Omnibusse« im heuti-

gen Sinne zürück, sondern setzte mit Planen versehene MAN-Pritschenwagen samt Hängern ein. Auch diese Tatsache läßt die Episode typisch erscheinen, verdeutlicht sie doch die bis weit in die fünfziger Jahre fortwirkende Ableitung der Busse von den Lastwagen.

Die Borker Bergleute hoppelten auf harten Bänken unter Zufuhr von mehr frischer Luft, als es selbst den sonst unter Tage schuftenden Männern Recht sein mußte, über Straßen, die noch für Fuhrwerke und Kutschen gebaut worden waren. Ihre MAN-Laster besaßen noch Vollgummireifen, denn die Gummiindustrie war gerade erst dabei, Pneus zu entwickeln, die auch Nutz- und großen Menschenlasten standhielten. Die Eisenbahn hingegen entfaltete ihren ganzen Fahr- und Reisekomfort. Immer schneller wurden die Loks, immer bequemer die Wagen der Bahn. Zwar machten die Autos in puncto Fahrkomfort auch Fortschritte, aber Verbesserungen an Federung, Radaufhängung und Lenkverhalten konnten die schlechten Straßen noch nicht vergessen machen.

Schon gar nicht in den damaligen Bussen, die seit Beginn der zwanziger Jahre ihr Aussehen veränderten. Bergarbeiter an der Ruhr mochten sich vielleicht angesichts des Elends wie Stückgut auf Pritschen transportieren lassen, aber Ausflügler und die bessergestellten Noch-Nicht-Automobilisten hielten nichts von Klettertouren beim Einstieg in den Omnibus. Neue »Niederflurfahrgestelle« wurden entwickelt. Die Passagiere nahmen nun näher zur Fahrbahn Platz, was auch das Fahrverhalten veränderte. Und da der Automobilismus und die Erfahrungen der Militärs im Ersten Weltkrieg zur Verbesserung der Straßen rieten, wurden auch im kollektiven Motorverkehr höhere Geschwindigkeiten möglich. Immer stärkere Vier-, Sechs- und Achtzylinder-Benzinmotoren wurden eingebaut. Gleichzeitig wandten sich auch die Karossiers von den Techniken des Pferdewagenbaus ab und der Spantenbauweisse aus dem Schiffsbau zu. Leichte Metalle wurden jetzt auch schon auf dünnwandigen Gußstahl geplankt. 1924 stellte Büssing den ersten Dreiachsbus vor, dessen hintere Achse angetrieben wurde. Stärkere Maschinen, leichtere Bauweisen und sechs Räder katapultierten den Bus auf ein Platzangebot, das die Voraussetzung für einen zwar kollektiven, aber doch flexiblen Motorverkehr wurde. Nicht umsonst fällt in Deutschland in die Zeit dieser Innovationen in fast allen Großstädten der Aufbau von Nahrverkehrsomnibuslinien. Im Überlandverkehr füllten die Omnibusse die Lücken, die die rasante Entwicklung der Eisenbahn seit einem knappen Jahrhundert gelassen hatte. Die Busse stellten Querverbindungen her. Noch kam es aber vor, daß erfolgreichen Nahverkehrsbuslinien

Kleinbus-Reklamefahrzeug 1913 in Berlin.

bald Schienenstränge folgten.

Der Omnibus hatte um 1930 mit stärkeren Motoren, Niederrahmenfahrgestell und verbessertem Federungskomfort eine technische Reife erlangt, die ihn zu einem vollwertigen Teilhaber am Kollektivverkehr werden ließ. Nachdem die grundlegenden Innovationen abgeschlossen waren, benötigte er nur noch eine adäquate Infrastruktur. Sie wurde mit den Autobahnen, kreuzungsfreien, mehrspurigen Straßen und ebenen Fahrbahnen geschaffen. Die Autobahn wirkte auf die äußere Gestalt der Busse (und der Pkws, weniger der reinen Lastkraftwagen), indem sie der Stromlinienform zum Durchbruch verhalf. Technische Reife, adäquate Infrastruktur und die Erkenntnisse der Aerodynamik führten dazu, daß der Bus seine Vorzüge entfalten konnte. Soweit die Straßen reichten, transportierte er Menschengruppen von Haustür zu Haustür, statt von Bahnhof zu Bahnhof — ohne daß sie auf Bahnsteige oder in Taxis umsteigen mußten. Sein Einsatz war bereits lohnend bei kleineren Passagierzahlen. Allerdings nur, weil er die Infrastruktur der Pkws und Lkws mitbenutzte, über deren gesamtgesellschaftlichen Sinn oder Unsinn noch heute gestritten werden darf. Alles, was seit Mitte der dreißiger Jahre an Veränderungen an der Omnibuskonstruktion vorgenommen wurde, diente nur seiner ökonomischen Effizienz. Der Trambus, zu Beginn des Jahrzehnts bei Büssing ersonnen, um auch den Raum über den Frontmotor für weitere drei bis vier Fahrgastplätze zu nutzen, interessierte mehr den Busunternehmer als den Passagier. Alle neuen, z.T. revolutionären Antriebskonzepte (Unterflurmotor, Heckmotor — nach dem Krieg von Krauss-Maffei im Busbau eingeführt, Frontantrieb — schon Ende der zwanziger Jahre bei der VOMAG in Erprobung), wie auch der Dieselmotor, der ab 1939 Standard war, verbesserten zwar den Komfort und die Kalkulation, lieferten aber keine entscheidenden Argumente für den Umstieg auf Busse. Die selbsttragende Bauweise, von Otto Kässbohrer 1951 aus dem Pkw- auf den Busbau übertragen, führte allein zur Abnabelung des Busses vom Lkw-Bau und somit zur Verselbständigung der kleinen Anbieter Kässbohrer/Setra und Auwärter/Neoplan. So können diese noch heute immer wieder in Bereichen experimentieren, in welche die an hohen Serien orientierten Lastwagenschmieden mit starrem Blick auf den Baukasten des gesamten Nutzfahrzeugprogramms nicht vordringen. Einen Bus statt der Eisenbahn, dem Flugzeug oder dem Pkw zu nutzen, machte seinerzeit aber die Durchsetzung der selbst-

Büssing-Trambus mit Linde-
Aufbau.

tragenden Bauweise nicht sinnvoller. Die fünfziger
Jahre präsentieren das facettenreichste Bild der Omnibusgeschichte. Es setzt sich zusammen aus den
neuen technischen Möglichkeiten, den Ausläufern
der durch den Faschismus heftig diskreditierten
Stromlinienform, der durch das Trambus-Konzept
geförderten neuen Funktionalität der meisten Busaufbauten, dem Relikt der letzten Schnauzer-Busse,
aus Karosserien, die mit viel Glas in Sonnendächern
südländische Reisefreude versprachen, aus
Anderthalb- und Doppeldeckern, den ersten
Gelenk- und letzten Autobuszügen sowie aus mehr
oder weniger unverwechselbaren Kühlergesichtern
von fast einem dutzend Herstellern und ca. 60 Karossiers. All diese Facetten finden sich auch in diesem Buch. Der Omnibus hatte Hochkonjunktur.
Die Menschen, die den Krieg überstanden hatten,
wünschten Mobilität, die neuen Trabantenstädte
verlangten sie. Schon aber entwickelte sich die Wel-
le der Massenmotorisierung. Dem Auto, angeblich
Synonym für individuelle Freiheit — nach der sogenannten Kollektivierung in der »Volksgemein-
schaft« des Faschismus hochgehalten — wurde Bahn
gebrochen: Durch Schutthalden und alte Stadtvier-
tel, in Feld und Flur wurden Straßen und Autobahnen
gezogen, auf dem dann der Bus vorwärtsrollte,
bis die Masse seiner Passagiere ausstieg und sich hin-
ters eigene Lenkrad setzte. Schlimmer als den Bus

aber erwischte es den schienengebundenen Verkehr.

Ein Beispiel aus einer bundesdeutschen Großstadt: In Essen/Ruhr transportierte die Essener Verkehrs AG 1956 noch 155 Millionen Fahrgäste. Bis
1956 schrumpften die Passagierzahlen auf 81 Millionen pro Jahr. Parallel hatte sich in der Stadt die Zahl
der zugelassenen Kraftfahrzeuge von 50.000 (1960)
auf 300.000 (1980) erhöht. Zuerst wurden die Straßenbahnen mit ihren Großraumwagen und besonderen Aufwendungen für den Gleiskörper unrentabel, zumal das Automobil nach unabhängigen Fahr-
spuren verlangte. Dann gerieten auch die Busse,
jetzt häufig schon Hauptstütze des öffentlichen
Nahverkehrs, unter Rationalisierungsdruck. Die
Betriebe stellten auf Einmannverkehr um, ein Vor-
gang, der bundesweit 1981 abgeschlossen war (siehe
Kapitel »Chauffeur für alle«). Der Omnibus ver-
kam zum Armeleute-Gefährt. Rentner und Schüler
bildeten das Gros der Nutzer. Die Urlauberströme
wälzten sich in Pkw-Kolonnen gen Süden oder wurden von Düsenjets aufgenommen. Der Bus wurde
immer mehr nur für Kegelausflüge, Klassen- und
Butterfahrten eingesetzt. Sein Image litt. Auch
wenn er jetzt die Lücken schloß, die die Bahn mit ihren Nebenstrecken-Stillegungen schloß. Von der
Schiene auf die Straße hieß — entgegen der Propa-
ganda — weniger Umstieg auf den Bus, sondern der

Zwang zum eigenen Pkw. Dazwischen experimentierte die Bahn mit Zwittern: Der (Uerdinger)Schienenbus lieh sich sein Äußeres und den Dieselantrieb vom Straßenbus, die Schienen-Straßenbusse von Kraus-Maffei, Faun und NWF setzten von der Straße auf die Schiene und umgekehrt um. Heute erscheinen sie als geniale Sackgassen. Die Omnibus-Vielfalt der fünfziger Jahre mündete ab 1966 in den Standard-Linienbus, welchen der Verband öffentlicher Verkehrsbetriebe der Industrie aufoktroyierte. Der Komfort für die Fahrgäste und für den Fahrer — er »verursachte« noch 70% der Kosten im Personennahverkehr — verlangte nach niedrigem Einstieg, guter Sicht, kleinen Radkästen und Raum für die Rationalisierungsmaßnahmen. Übrig blieben sechs Busanbieter: Daimler-Benz, MAN, Kässbohrer, Auwärter, Magirus-Deutz und Büssing. Und sie entsprachen den Wünschen ihrer Hauptabnehmer. In der äußeren Form gleichen sich ihre Niederflur(Gelenk)busse. Der Nahverkehrsstandardbus, es gibt ihn mittlerweile in der zweiten Generation, färbte auf den Überland- und Reisebus ab. Die Bushersteller — 1971 ging Büssing in der MAN auf, 1982 gab IVECO (Magirus-Deutz) den Busbau in Deutschland auf — sind bei kleinsten oder keinen Gewinnmargen zu strikter Rationalität gezwungen. So bestehen heute 80% eines Busses aus den gleichen Komponenten, egal, ob sie beim Hochdecker mit Fahrersitz im Mitteldeck oder beim modernen Schubgelenkbus verwandt werden. Allein die Hoch- und Doppeldecker für den Fernreiseverkehr können trotzdem noch beanspruchen, auch klassischen ästhetischen Ansprüchen zu genügen. Die neueste und hoffentlich zukünftige Entwicklung des Omnibusses für den Nahverkehr ist eine Folge der Umweltdiskussion, die Ende der siebziger Jahre einsetzte und dem Bus zu neuem Ansehen verhalf. Für den Oberleitungsbus kam sie einige Jahr zu spät. Er wäre heute bei allen Schwächen wieder eine zeitgemäße Alternative zum Individualverkehr. Der Obus von Daimler-Benz, seit 1980 in Essen in der Erprobung, verfügt über Diesel- und Elektroantrieb, kann auf Straßen, durch U-Bahn-Tunnel und auf den Schienen der Straßenbahn fahren. Er könnte, einmal ausgereift, ein »Alleskönner für alle« werden.

Freedom Riders

Eine Busfahrt in Montgomery

Am 1. Dezember 1955 machte in den USA eine Busfahrt Geschichte: Die Afro-Amerikanerin Rosa Parks setzte sich in einem Linienbus auf einen Platz, der »Weißen« vorbehalten war. Da sie sich weigerte, aufzustehen, wurde sie verhaftet. Ihre Weigerung löste die große Anti-Rassismus-Kampagne in den USA aus. Noch öfter spielt der Bus eine Rolle im Emanzipationskampf der schwarzen Amerikaner. An diesen Beispielen wird deutlich, welche Rolle der Bus in der gesellschaftlichen Vernetzung spielen kann.

Der Oberste Gerichtshof der Vereinigten Staaten von Amerika (Supreme Court) fällte im Jahre 1954 ein historisches Urteil. Vor allem die Südstaaten, seit dem Bürgerkrieg nicht schlauer geworden, waren von dem Urteilsspruch betroffen. Es gab jedoch eine Hintertür: Ein Termin für die Aufhebung der Rassenschranken wurde nicht vorgegeben — auch der Gerichtshof nahm Rücksichten. Gerade wegen dieser einstweilig also nur schwer einklagbaren Entscheidung war der Funke für eine Entwicklung mit schwersten gewalttätigen Auseinandersetzungen mitgeliefert worden.

Hatten die Honoratioren der Organisationen der schwarzen Minderheit bisher vorwiegend auf legalem Weg vor Gericht ihr Recht erstreiten wollen, so wurde jetzt die Phase des gewaltfreien schwarzen Widerstands eingeläutet. Hinzu kam: Die Fronten in der amerikanischen Gesellschaft hatten sich wegen der Rassenfrage verhärtet: alte Südstaaten-Rassisten zusammen mit dem Ku-Klux-Klan gegen die Muslim Brüder des Malcolm X und gegen Martin Luther King mit seiner Gemeinde lautete die Frontstellung. Die Südstaaten-Apartheid griff zu ähnlichen Reglements wie die Buren in Südafrika heute: Rassentrennung aller Orten. In den Bussen waren die Sitzreihen für Weiße und für Schwarze getrennt. Bestärkt durch das Urteil von 1954 und des daraus gewachsenen Mutes, gegen die Rassengesetze aufzubegehren, setzte sich die Afro-Amerikanerin Rosa Parks am 1. Dezember 1955 auf einen Omnibussitzplatz, der den Weißen vorbehalten war. Da sie sich weigerte, den Platz zu räumen — auch nach Aufforderung durch den Busschaffner — wurde sie verhaftet.

Martin Luther King, derweil in Montgomery zum Pastor avanciert, stieg zum Sprecher der nun einsetzenden Boykottbewegung gegen das Busunternehmen auf. Er wurde ebenfalls interniert. Die Betreibergesellschaft der Buslinie fuhr dank des erfolgreichen Boykotts jeden Tag 1.000 US $ Verlust ein — der Bankrott war greifbar nah. Die Schwarzen, die zu keinen Konzessionen bereit waren, setzten die Gleichbehandlung der Passagiere durch. Der Stern Martin Luther Kings stieg auf bis zur Titelseite des amerikanischen Nachrichtenmagazins TIME.

Das Urteil des Obersten Gerichtshofes der USA von 1954 ergab nicht gleichzeitig eine zwingende Änderung der Rassengesetze in den Bundesstaaten. In Washington regierte inzwischen der Clan der Kennedys (Präsident und Justizminister). Von den schwarzen US-Amerikanern gaben 70% bei den Präsidentschaftswahlen ihre Stimme für John F. Kennedy ab. Und die Kennedys ermutigten die Schwarzen und die mit ihnen streitenden Weißen, die Rassengleichheit offensiver einzufordern.

Der Schwarze James Leonhard Farmer hatte die Idee einer Testfahrt mit dem Bus durch mehrere US-Staaten. Er wollte überprüfen, ob die Gleichbehandlung von Weiß und Schwarz eingehalten wurde. Dabei waren nicht nur die Rassenschranken in den Bussen von Interesse, sondern auch die an den Haltestellen der Überlandbusse gelegenen Lokale sollten kritisch beäugt werden. Die Weißen, vor allem in den Städten Montgomery und Birmingham im Staat Alabama, reagierten mit tätlichen Angriffen auf die Freiheitsfahrer: blutige Schlägereien und eine Brandbombe gehörten zu ihren bevorzugten Mitteln der Auseinandersetzung. Die Situation spitzte sich zu. Bobby Kennedy setzte in Alabama daraufhin mehrere Hundertschaften von Bundesbeamten ein, um eine Eskalation zu verhindern. Nicht überall hin reichte der Arm des Präsidenten oder seines Justizministers: Wo das »gesunde weiße Volksempfinden« berührt und an der Macht war, konnte ungerührt mit staatlichen Repressalien reagiert werden. »Freedom Riders«, die an einer Haltestelle des Überlandbusses ins Lokal für Schwarze treten wollten, fanden das Schild »closed« vor. Sie gingen in das Lokal für Weiße. Der Polizeivorsteher des Bundesstaates Mississippi, Barnett, zeigte sich gut vorbereitet und nahm kurzerhand James Leonhard Farmer und 26 seiner Mitstreiter gefangen und zog so die Freiheitsfahrer aus dem Verkehr.

Busing

In das Urteil des Obersten Gerichts (Supreme Court) von 1954 wurde auch die Rassentrennung in den Schulen mit einbezogen. Die Trennung der Schüler nach Hautfarbe war jedoch in den Südstaaten bis 1968 weitgehend beibehalten worden. 80% der schulpflichtigen schwarzen Kinder besuchten schwarze Schulen (wobei ihr Anteil an der Gesamtschülerzahl 80% und mehr betrug). Bis 1970 verringerte sich ihr Anteil auf 40%. In den sechziger Jahren änderte sich die Wohnstruktur der Städte zunehmend in die Richtung, daß die Zentren der Städte vorwiegend von Schwarzen bewohnt wurden. Die Weißen zog es hingegen an den Stadtrand oder in die Vororte (suburbs). Für die Schulen bedeutete dies, daß die Entwicklung von reinen schwarzen bzw. weißen Schulen begünstigt wurde. Der Supreme Court ging Ende der sechziger Jahre in seiner Rechtssprechung so weit, daß er lokale Schulorganisationen auflöste, wenn sie sich seinem Integrationsbestreben widersetzten. Da sich die gewachsenen Wohnstrukturen nicht schnell zu gemischtrassigen Wohnvierteln mit entsprechenden Schulen verändern ließen, wurde ein anderes Mittel ersonnen. Schwarze Kinder aus der City wurden per gelbem Schulbus in die weißen Schulen gefahren und weiße Kinder aus den Vororten in die schwarzen Schulen der Zentren. Auf diese Art sollten gemischtrassige Schulen entstehen. Tatsächlich entstanden dadurch florierende Buslinien. Genannt wurde diese Form des Versuchs einer Rassenintegration nach dem Ableitungswort von dem Verkehrsmittel: Busing. Im November 1969 ordnete der Supreme Court gar per Urteil den sofortigen Beginn der Integration im Staate Mississippi an. Inzwischen hieß der Präsident Richard Nixon — und dem war das Urteil gar nicht recht. Die Südstaaten waren jetzt Hochburgen seiner republikanischen Partei und bei den Wählern stand er im Wort: es sollte kein oktroyiertes Busing geben (und wo kein Richter . . .) Seit Nixons Amtsantritt war die Bewegung zur Schulintegration erlahmt. Erst in einem Drittel von 1.129 Schuldistrikten der Südstaaten waren gemischte Klassen eingerichtet worden. Es wurde auf Abhilfe gesonnen: Die Angst der weißen Eltern vor dem Ausbreiten gemischtrassiger Schulen saß tief. Wer das nötige Geld besaß, konnte für seine Kinder Abhilfe schaffen: Die Privatschulen erlebten einen nie gekannten Boom. Denn den Privatschulen konnte die Beibehaltung ausschießlich weißer Klassen nicht untersagt werden. Und das unbeliebte Busing brauchte auch nicht mitgemacht zu werden. Nicht weiße Eltern allein stritten jedoch gegen das Busing. Auch andere Möglichkeiten standen zur Verfügung. Im Südstaat Florida rumorte es. Gouverneur Kirk stellte sich an die Spitze der Integrationsgegner. »He himself« stellte sich — umringt von einer Schar bewaffneter Polizisten — vor ein Schultor, um den Einzug schwarzer Schüler zu hintertreiben. Oder er entließ die zwar demokratisch gewählte aber mißliebige Schulbehörde kurzerhand, um die Geschicke selbst in den Händen zu halten. Wilder Westen in Florida. Die Bevölkerung unterstützte Gouverneur Kirk in seinem Tun nach Kräften: »Mach sie fertig!« skandierten sie auf einem Picket-Line-Schild. Die Eltern, nach Argumenten für die Aufrechterhaltung der rein-weißen Schulen ringend, führten als Steuerzahler die hohen Kosten für den täglichen Busverkehr an. Schließlich mußten die Busse ja bezahlt werden. Präsident Nixon unterstützte sie in ihrer Argumentation: auch er war selbstverständlich für die Integration von Weiß und Schwarz — aber gegen weite Schulwege. Aber selbst Eltern, die sich für gemischte Klassen einsetzten, war die nötige Umgewöhnung ihrer Sprößlinge in die neuen Schulen lästig. Der Omnibus wurde zum Zankapfel und Kristallisationspunkt der Auseinandersetzungen um mehr Humanität in der amerikanischen Gesellschaft, die ihre Wurzeln im ersten antikolonialen Freiheitskampf zäh verteidigen mußte. Der Widerstand der »guten« weißen Amerikaner gegen das Busing beherrschte den amerikanischen Wahlkampf von 1972 während der Vorwahlen. Not macht erfinderisch und so fuhren Limousinen gegen Linienbusse auf. Gegen Busing wurde ein Autokorso von mehr als 3.500 Wagen auf die Räder gestellt. Der Kurs von Virginia bis vor das Weiße Haus demonstrierte, mit welcher Vehemenz gestritten wurde. Das Nachrichtenmagazin TIME sprach schließlich vom »explosivsten innenpolitischen Streitpunkt«. Ziel der Widersacher war das Verbot des Busverkehrs zwischen den Vororten und den Zentren. Scheinheilig wurde argumentiert, jeder Schüler solle dort zur Schule gehen, wo er wohnt. Als Weißer hatte mans da leicht.

Demokratische Wahlkämpfer hatten es besonders schwer: Die Verteidigung des Busing erinnerte einen Wahlkämpfer gar ans Harakiri. Es wurden selbst Volksabstimmungen durchgeführt, um die geschmähten Buslinien zu bannen. Und wo der Mensch nicht mehr weiterkam, lenkt Gott: »Selbst Gott ist gegen das Busprogramm. Er bescherte uns dieses Wahljahr.« (Das ging in die Geschichte aber unter dem Namen eines Hotels ein: Watergate.) Präsident Nixon hatte seine Klientel klar im Blickfeld und sprach sich eindeutig gegen jedes Busprogramm aus. Er plante gar ein Gesetz, das den Bundesrichter die Verfügung von Busprogrammen verbot. Im Repräsentantenhaus wurden mehr als 30 Gesetze verabschiedet, um die laufenden Busprogramme zu stoppen und um neue gar nicht erst entstehen zu lassen. Die Ablehnung des Busing ging mittlerweile quer durch alle Bevölkerungsschichten und Bundesstaaten. Sowohl Schwarz als auch Weiß sprachen sich in einer Umfrage mit 69% gegen Busing aus. In Florida waren es sogar 74%. Auch Organisationen von schwarzen Bürgerrechtlern meldeten inzwischen Bedenken an: Die Idee des Busing setze die Annahme voraus, daß schwarze Kinder mit weißen Klassenkameraden zusammen besser lernen könnten.

Diese Argumentation griff allerdings zu kurz: Die Ausstattung weißer Schulen war immer besser als die in den schwarzen Ghettos. Es konnte mehr Geld für Gebäude, Inventar u.v.m. ausgegeben werden. Für den Unterricht standen mehr und qualitativ besser ausgebildete Lehrer zur Verfügung. Die Peripherie begünstigt das Lernen hingegen mehr als der gemischtrassige Unterricht. Außerdem wurde in den Inhalten des Unterrichts durch Busing ja gar nichts geändert. Es war ein rein »verkehrstechnisches« Unterfangen. Die durch Busing trotz aller Widrigkeiten ermöglichte bessere Ausbildung stieß aber auch deshalb auf Kritik der schwarzen Eltern, weil sie ihr Familienleben gestört sahen und der weite Schulweg auf die Gesundheit der Kinder nachhaltig negativen Einfluß ausübe. Der Einsatz von Schulbussen als Verkehrsmittel für Schüler war allgemein üblich. 42% aller VS-Schüler benutzten 1972 den Bus, um zur Schule und zurück zu gelangen. Aber nur bescheidene 3% waren zur Benutzung wegen der Verordnung des Busprogramms dazu genötigt. Und die Mehrzahl von diesen war schwarzer Hautfarbe, da die meisten Buslinien in den Südstaaten-Regionen eingerichtet wurden. Das Begehren der weißen Eltern nach Beendigung des Busing hatte demnach andere Gründe. Sie waren rein ideologischer Natur. Das Ende des Busing wurde durch Detroiter Eltern eingeleitet. Im eigenen Staat Michigan konnten sie sich vor Gericht nicht durchsetzen. Sie klagten schließlich vor dem Obersten Gerichtshof. Mit Erfolg. Die Eltern standen mit ihrer Ablehnung gegen diese Form des Integrationsbemühens von Weiß und Schwarz nicht allein. Daß der Unterricht in gemischten Klassen die Lösung des Rassenproblems bringen könnte, wurde zunehmend bezweifelt. Das Geld für die aufwendigen Buslinien könne mit mehr Effizienz für anderweitige Programme eingesetzt werden. Der Ausgangspunkt des Urteils von 1954 war die Möglichkeit einer Rassenintegration. Der gleiche Gerichtshof entschied sich nun mit fünf gegen vier Stimmen gegen Busing. Der Schulbus als Vehikel für den Weg zu einer rein äußerlichen Chancengleichheit war ein untaugliches Mittel und deshalb war dem Versuch auch kein Erfolg beschieden.

Chauffeur für alle

Fahrerarbeitsplatz in einem Büssing-Bus von 1968.

Omnibusbetriebe, speziell im öffentlichen Nahverkehr sind personalintensive Betriebe und werden es voraussichtlich auch bleiben. Auch in diesem Dienstleistungsbereich setzt sich der Rationalisierungsdruck, verstärkt durch die verkehrspolitisch unsinnige Vorrangstellung des privaten Individualverkehrs, immer mehr durch. Der Fahrgast verkommt zusehends zum Anhängsel eines Automaten.

»Schaffner, haste'nen Block?» — gibt es auch schon seit Jahren nicht mehr. Rio Reiser von der Rockgruppe »Ton Steine Scherben« hatte 1972 in seinem Agit-Prop-Lied für den Nulltarif wenigstens noch einen leibhaftigen Schaffner als Gegner, der brüllen und überzeugt werden konnte: *»Doch der Schaffner brüllte: muß erst was passieren, rück das Geld raus oder es geht rund, was ihr da quatscht hat mich nicht zu interessier'n und wenn ihr jetzt nicht zahlt, dann kostet das'n Pfund.«* (Aus »Mensch Meier«). Heute dagegen müßte sich ein Rote-Punkt-Kämpfer mit einem Fahrausweisautomaten, einem Fahrscheinentwerter oder einem synthetisch quäkenden automatischen Fahrplan- und Informationssystem auseinandersetzen. Die Schaffner wurden wegrationalisiert. Die von ihnen erbrachten Dienstleistungen wie Fahrscheinverkauf, Fahrplanauskunft oder ihre Aufsicht über die Sicherheit der Fahrgäste wurden auf Automaten, auf andere Mitreisende und den Fahrer verlagert. Klassisch war das Bild des Schaffners, der mit der Umhängetasche kassieren kommt und je nach Menschenschlag in deutlichem Dialekt »Die Fahrscheine, bitte!« schreit. Mit der Vergrößerung der Busse und dem darin begründeten höheren Fahrgastfluß wurden z.B. in Bremen schon 1951

VÖV II Standardbus, wie er von
der Hamburger FFG entwickelt
wurde, im Einsatz in der Hanse-
stadt.

Stadtwerke Hildesheim AG:
Mit Kriegsende war in Hildesheim
die Zeit der Straßenbahn vorbei.
Seitdem führen ausschließlich Busse die Personenbeförderung durch.
Heute sind in der niedersächsi-
schen Stadt 60 Busse der Fabrikate
Mercedes (19), Setra (20) und
MAN (21) im Einsatz. 124 Fahrer,
die seit 1967 ausschließlich im Einmannverkehr arbeiten, tun Dienst.

**Betriebe der Stadt
Mühlheim a.d. Ruhr:**
Ein Bus von Krauss-Maffei war erst
1947 der Omnibus-Pionier in
Mühlheim. In einer Stadt, die mit
Straßenbahnen und mittlerweile
auch U-Bahnen gut versorgt ist,
konnte der Bus nie eine besondere
Bedeutung gewinnen. Nur 55 Bus-
se der Fabrikate MAN (51) und
Mercedes (4) gibt es in der Ruhr-
Stadt, als Besonderheit aber
immerhin einen unterirdischen
Busbahnhof.

**Würzburger Straßenbahn
GmbH:**
Straßenbahn und Bus teilen sich in
Würzburg heute den Nahverkehr.
1936 datiert die Aufnahme des
Omnibusverkehrs im nördlichsten
Bayern. Der erste Bus war ein
Magirus-Schnauzer. Heute gibt es
in Würzburg im Nahverkehr aus-
schließlich Busse von Daimler-
Benz (60). Standardbus ist der SL 1.

**Verkehrsbetriebe der Stadtwerke
Osnabrück AG:**
MAN beliefert in Osnabrück die
Verkehrsbetriebe der Stadt zur Zeit
exklusiv mit Bussen der Typen SL
200, SS 192 und SG 240. Die Oberleitungsbusse der Stadt, die bis
1968 im Einsatz waren, stammten
vor allem von Henschel. Heute
werden die 9 Linien von 118 Bussen befahren, auf denen 230 Fahrer
Dienst tun.

feste Schaffnerplätze eingerichtet. Noch führte am Schaffner kein Weg vorbei. Aber wo der Fahrgast schon zum Schaffner kommen konnte, war der Fahrscheindrucker nicht weit. 1953 wurde er in Bremen eingeführt und kombiniert mit einer statischen Wechselgeldrückgabe verdrängte er den Schaffner und nötigte dem Fahrer bei Bus und Straßenbahn auch an den Haltestellen Arbeit auf. Die Busse mußten sich durch breitere Einstiege und die Vorschrift, daß ein Fahrer nur zwei (und nicht mehr wie vorher häufig drei) Türen bedienen und überwachen darf, verändern. In Bremen verschwanden so schon 1955 die Schaffner. In anderen Städten zog sich dieser Prozeß — auch dank aufmerksamer Personalvertretung bis in die achtziger Jahre hin. Den ersten Fahrscheinautomaten stellte z.B. die Berliner BVG bereits 1962 am Nollendorfplatz auf. Der sah zwar noch etwas primitiv aus, ähnlich den heutigen Briefmarkenautomaten der Post, aber die Technik war verbesserungsfähig. Schaffner wurden durch diese Rationalisierung, häufig auch durch die Umstrukturierung von der Straßenbahn auf den Omnibus »freigestellt«. In Heidelberg, wo der letzte Schaffner 1977 verschwand (in Berlin erst 1981) waren es z.B. 300 Mitarbeiter der Heidelberger Straßen- und Bergbahn AG. Viele von ihnen wurden in die lokale Verwaltung übernommen.

War bei den Busunternehmen bisher das Verhältnis Fahrer : Schaffner meistens ca. 50 : 50 gewesen, so gelang es zum Beispiel der Berliner BVG, ihr Fahrpersonal im Oberflächenverkehr durch Einmannbetrieb von 12.400 bis 1978 auf 5.300 Beschäftigte zu reduzieren. Trotz dieser enormen Personalverringerung durch den Einmannwagen errechnete der VÖV 1971 für einen Normbetrieb mit 50 Einmann-

bussen noch immer einen Lohnanteil von 72% (45% Fahrer, 13,5% Löhne für Instandhaltung, 3,5% Verwaltung) an den Betriebskosten. Das Fahren eines Omnibusses war lange Zeit streng genommen gar kein richtiger Beruf, etwa im Sinne eines Tischlers oder einer Krankenschwester. Die Fahrer übten eine angelernte Tätigkeit aus — allerdings mußten sie natürlich den Führerschein Klasse 2, Fahrpraxis und einen speziellen Führerschein zur Personenbeförderung vorweisen. Seit 1974 gibt es aber den Lehrberuf des »Berufskraftfahrers«, der vor bestimmten Handelskammern — etwa in Hamburg — auch in der Fachrichtung »Personenverkehr« abgeschlossen werden kann. Die Ausbildung der Omnibusfahrer erfolgt heute bei den größeren Nahverkehrsunternehmen in eigenen Autobusfahrschulen. Schon in den dreißiger Jahren führten die Verkehrsbetriebe zu diesem Zweck Fahrsimulatoren ein, auf denen die Bedienung der Busse eingeübt wurde. In Berlin gab es damals schon ein eigenes Übungsgelände der BVG in der Helmholtzstraße. Die Berliner Verkehrsbetriebe bilden z.B. jährlich 250 bis 400 Fahrerinnen und Fahrer aus. Die Gesamtausbildung durch die 18 Fahrlehrer und 13 Fahrmeister erfolgt in einem Lehrgang, der 73 Tage dauert, zunächst mit der Grundausbildung für Führerscheinklasse 2 beginnt, darauf aufbauend zum Sonderführerschein für die Fahrgastbeförderung führt und mit einem Trainingsprogramm im Stadtverkehr endet. Die Hamburger Hochbahn AG (HHA) bildet in der Busfahrschule auf dem Betriebshof Langenfelde auf. Fahrlehrer, Kfz-Ingenieure und Meister, Volks- und Sozialwirte sowie Juristen bilden praktisch, verkehrsrechtlich, in Arbeits- und Sozialrecht, in Unfallverhütung, aber auch zu einem Basiswissen zur Erhebung techni-

scher Mängel aus. In Hamburg bestanden von 1974 bis 1984 374 Fahrer und 9 Fahrerinnen die Prüfung. In Berlin beträgt die Erfolgsquote 93%. Begründet in der Sicherheit der Fahrgäste sind staatlicherseits und durch die öffentlichen Verkehrsbetriebe Tauglichkeitsrichtlinien festgelegt worden. Die körperliche Fahrtauglichkeit wird bei den Busfahrern nach den Bestimmungen der Straßenverkehrszulassungsordnung durch eine ärztliche Prüfung festgestellt, die in regelmäßigen Zeiträumen wiederholt werden muß. Zusätzlich zu ärztlichen Prüfungen, auf Seh- und Hörvermögen, Kreislauf und Nervensystem, wird noch die charakterliche und geistige Eignung und Zuverlässigkeit überprüft. Die Zuverlässigkeit kennzeichnet laut VÖV einen verantwortungsbewußten Fahrer in punkto Risikobewußtsein, Selbstkontrolle und sozialer Einordnungsfähigkeit. Um Überforderungen der Fahrer und damit Unfälle auszuschließen, setzen gleichzeitig mit der Einführung des Einmannwagens Versuche zu Optimierung des Fahrerarbeitsplatzes ein. Die Neigung des Lenkrades zur optimalen Kraftübertragung, die Stellung der Pedale, alles wurde untersucht und wenn möglich verbessert. Heute hat fast jeder Bus einen ergonomisch gestalteten Fahrerplatz, der für alle Bustypen, die im öffentlichen Personennahverkehr verwendet werden, standardisiert ist. Die Bedienung eines Busses wurde der Leistungsfähigkeit der Fahrer angepaßt. Die Vereinheitlichung erleichtert besonders den Wechsel des Fahrzeugtyps im

täglichen Schichtdienst. Trotz dieser Verbesserungen wird ein Großteil der Fahrer vor Erreichung der Altersgrenze fahrdienstuntauglich. Kein Wunder: Dienst zu ständig wechselnden Tageszeiten, Dienstübergänge mit nur kurzer Nachtruhe, Streß durch sich immer noch erhöhende Verkehrsdichte mit den daraus entstehenden symptomatischen Krankheitsbildern: diese Faktoren führen, neben der klassischen Berufsfahrerkrankheit, dem Bandscheibenschaden, zu einem frühzeitigen Ausscheiden aus dem Beruf. Der »Chauffeur für alle«, den der Benutzer kaum noch wahrnimmt, ist längst ein Busfahrer auf Zeit geworden. Im Überlandverkehr regeln seit dem Oktober 1976 neue »*Sozialvorschriften im Straßenverkehr*« die Arbeitszeiten für Busfahrer. Zweimal die Woche darf neun Stunden pro Tag gefahren werden, wobei es genau vorgeschriebene Ruhezeiten zu beachten gilt. Für die verbleibenden 30 der maximal 48 Wochenstunden gilt dann ein Achtstundentag. Mindestens 10 Stunden Ruhezeit muß zwischen zwei Fahrtagen liegen. Innerhalb von 14 Tagen darf ein Fahrer nur 92 Stunden hinterm Lenkrad gesessen haben. Bei dieser rigiden Regelung gibt es heute noch Ausflüge und Auftragsfahrten, die ein Fahrer allein erledigt. Bei einer Höchstgeschwindigkeit von 100 km/h werden schon auf mittlere Distanzen zwei Fahrer geschickt. Fernreisen finden nur noch in Doppelbesetzung statt.

Autobus-Endhaltestelle in Berlin im Jahre 1955. Noch gehört der Schaffner in jeden Bus.

Stadtwerke Frankfurt a.M.:
Obwohl schon 1925 mit einem Daimler-Bus in Frankfurt der Busverkehr begann, ist er heute nur die Nummer 3 in der Personenbeförderung am Main. Die U-Bahn, aber auch immer noch die Straßenbahn, dominieren. So sind in der Main-Metropole nur 202 Busse im Einsatz (davon vier Reisebusse für Sonderverkehr und drei Fahrschulwagen), bis auf zwei Setras alle von Daimler-Benz geliefert.

VAG Verkehrs-Aktiengesellschaft Nürnberg:
Natürlich mit einem MAN, und zwar noch mit einem Hochrahmenbus, begann der Busverkehr in Nürnberg. Damals dominierte an der Noris noch die Straßenbahn, heute bedienen 275 Busse auf 63 Linien Nürnberg und Fürth. Noch heute ist auch der MAN gut im Geschäft. Nur 21 Fahrzeuge konnte Daimler-Benz dort absetzen, der Rest stammt vom lokalen Anbieter. Der letzte Schaffner fuhr in Nürnberg übrigens noch bis 1975 mit.

Der dritte Mann

»Charmantes Wien«, »Bordighera — ins Paradies der Globetrotter«, »Goldenes Prag« — in den Werbeprospekten für Omnibusreisen fehlt es nicht an blumigen Ankündigungen und Versprechungen. Zum Großteil sind es ältere Mitbürger, die auf eine »Butterfahrt«, »Kaffeefahrt« oder Busrundreise gehen. Sie zieht es nach Heiligenhafen, um die zollfreie Ration (1 Stange Zigaretten, 1 Liter Schnaps) nebst neuseeländischer Butter und Zündhölzern aus Polen bei einem Mini-Ostseetörn zu erstehen; in die Lüneburger Heide, wo gerade wieder ein Rheumadecken-Vertreiber auf geldrauswerfende Kundschaft wartet oder in den Bayerischen Wald, wo natürlich der Besuch einer Glasbläserei (nebst großem Verkaufsraum) auf dem Programm steht. Begleitet werden die Gäste auf Schritt und Tritt von Reiseleiter und Fahrer. Offiziell hat der Reiseleiter das Kommando an Bord des Busses. Er legt den Zeitplan fest, macht Rasttermine und darf auch mal drohen: »Wer sich morgen wieder bei der Abfahrt verspätet, gibt 'ne Runde für alle Gäste aus«. Mit dem Fahrer sollte sich der Reiseleiter von Anfang an gut stellen. Erscheint man diesem zu »chefig«, dann fährt er gleich eine Retourkutsche. Er braucht nur eine Abfahrt zu verpassen und lauthals, so daß es alle im Bus mitbekommen, zu tönen: »Der Reiseleiter hat wieder einmal geschlafen. Wir fahren in die falsche Richtung und kommen zu spät zum Mittagessen.« Solch eine Bemerkung stellt dann nicht nur die Inkompetenz des Reiseleiters unter Beweis, sondern sorgt auch für herrliche Unruhe im Bus ... Reiseleiter und Busfahrer müssen sich folglich arrangieren, gegenüber den Reisegästen Teamgeist ausströmen, denn Urlauber erwarten Harmonie vom Personal, wenngleich sie selbst sich ständig das Recht ausnehmen, ein bißchen zu sticheln und zu kneifen. Die größte Gefahr geht für den Reiseleiter von Fahrgästen aus, die schon das zweite oder dritte Mal eine Bustour gebucht haben, während der Reiseleiter auf der Strecke Premiere feiert. In solch einem Fall ist der Streit vorprogrammiert — etwa beim Vorbeifahren an einer Bergkette in den österreichischen Alpen. Dann gibt der vielfahrende Gast vor, jeden Gipfel besser zu kennen. »Wer hat denn nun recht?« raunt es zwischen den einzelnen Stuhlreihen. Ein Kreuz für sich ist die Sitzverteilung. Es gibt Omnibusunternehmer, die handhaben die Sache nach dem Motto: »Wer zuerst kommt, mahlt zuerst.« Andere Gesellschaften »notieren« dagegen; d.h., die Reisegäste rücken täglich eine Reihe vor, um auch einmal einen direkten Blick durch die große Verbundglas-Frontscheibe des Busses und auf den Stiernacken des Reiseleiters werfen zu können. Wer gestern vorne saß, muß am nächsten Tag sich grollend auf die letzte Sitzreihe — möglichgst beim Bus-Klo — verziehen. Oft klappt die Sitzverteilung nicht, besonders wenn Fahrgäste nicht bereit sind, die einfachen Spielregeln zu akzeptieren. »Wir hatten heute nur schlechtes Wetter. Ich will auch mal bei Sonnenschein vorne sitzen,« heißt es dann. Oder: »Wir machten doch heute morgen einen Ausflug, mir steht aber ein ganzer Tag in der ersten Reihe zu.« Eine Freude für den Reiseleiter sind die Raucher. Ständig gibt es Krach wegen der Qualmerei und die Klimaanlage bringt beim besten Willen nicht den blauen Dunst aus dem Businnern. »Ich habe bei der Anmeldung im Reisebüro gesagt, daß ich Zigarrenraucher bin«, wird dann schon einmal behauptet. »Die Angestellte dort sagte mir: »Das geht okay!« Warum soll ich nun die Zigarre ausmachen? Fragen Sie doch in Ihrem Reisebüro nach. Die bestätigen Ihnen das.« Und ob: gerade befindet sich der Bus auf der 270 km langen Transitstrecke zwischen Hof und Berlin, Freude bereitet auch dem Reiseleiter der Ausfall des Mikrofons im Bus. Kaum eine Fahrt, in der nicht die ganze Anlage ausfällt. Dann kann er sich mitten im Gang hinstellen und seine Ansagen und Erläuterungen machen. Bei Doppeldeckerbussen geht das natürlich nicht. Da rennt er ständig im engen Gang rauf und runter. »Wenn Du gleich wieder kommst, dann bring mir man gleich von unten aus dem Kühlschrank 'n Bier mit, junger Mann!« sorgen wohlmeinende Fahrgäste für weitere Beschäftigung. Gottseidank ist der Bockwurstverkauf im fahrenden Bus dank verbesserter Raststätten und Gasthöfe in den letzten Jahren wieder aus der Mode gekommen ... Fingerspitzengefühl muß der Reiseleiter beim Musikprogramm zeigen. Schließlich kann er nicht ununterbrochen reden und steckt dann eine der billigen 6,50 DM-Kassetten ins Abspielgerät. Bei einem Kegelklub darf es auch schon einmal der Busunterhaltungsstar Fips Asmussen mit seinen Zoten sein. Bei einer Toskana-Reise verlangen die »gebildeten« Fahrgäste dagegen mehr Niveau. Peggy March und Bully Buhlan kann man bei Busgästen immer abspielen! Bei der Rückkehr vom Heurigen im Wiener Vorort Grinzing wird dagegen Schrammelmusik verlangt. Zudem darf der dritte Mann an Bord anschließend die Weinleichen zum Fahrstuhl des Hotels begleiten. Das Ausgebrochene auf dem Busflur dagegen bleibt für die beiden Chauffeure.

Alternative Kontakt-Bus-Reisen

Alternative Busreisen sind, nicht nur wegen ihres günstigen Preises, gefragt. Die jungen Veranstalter, ob sie nun »Rainbow-Tours« »Bummel-Tours« oder »Alternativ-Bus-Reisen« heißen, bieten Animation, die schon im Bus beginnt. Das Bedürfnis, Kontakte zu schließen, ist im Alter von 18 bis 25 Jahren bekanntlich sehr ausgeprägt. Und genau diese Altersgruppe spricht der Veranstalter mit seinem Programm an. Daß diese Bedürfnisbefriedigung eine ausgeklügelte Vorbereitung mit allerlei eingebauten psychologischen Raffinessen bedingt, weiß man aus

eigener Erfahrung. Dementsprechend werden auch die Rainbow-Reisen konzipiert. Es versteht sich von selbst, daß die Reiseleiter zu Reisebeinn mit strahlendstem Blendaxlächeln erscheinen und auf die Minute genau topfit sind.

Besonders beliebt sind Busreisen in Sommercamps. Die Stimmung an Bord ist seit Reisebeginn gelöst und locker; Schminkspiele, Luftballonwettblasen und erste Kennlernspiele überbrücken die Distanz zum Nachbarn, der Freisekt tut ein Übriges.

Vor Ort werden zunächst die surfwilligen Neulinge in die Bretterkunst eingewiesen, Fortgeschrittene motzen bereits in der Gischt des Atlantiks herum. Abends zeigt sich dann, was Animation bewirken kann und muß. Nach einer längeren Nachtwanderung zu einer romantischen Lichtung im Wald, tritt die heiße Phase bei Lagerfeuer und Vino Tinto ein. *»Ab jetzt muß sich was abspielen, denn falls das nicht der Fall ist, kommen die Leute im nächsten Jahr nicht wieder. Aber es passiert immer was«*, meint Bernd, Reiseleiter für Rainbow-Tours und sieht sich in seiner Taktik bestätigt. Hemmschwellen, die zu Hause in der Diskothek oder Kneipe so manches Mal den direkten Kontakt verhindern, werden geschickt umgangen. Und wenn es dann noch immer nicht klappt, gehen die vier Bremer Jungs schon mal mit gutem Beispiel voran.

Hauptsächlich Individualreisende, die im Berufs-

leben stehen oder aus anderweitigen Gründen nur wenig Zeit haben, buchen die dreiwöchigen Kurztrips. Da jede Tour unter einem bestimmten Motto steht, treffen sich die richtigen Leute von selbst.

Ulli von »Rainbow-Tours« nennt Zahlen: *»Bestimmt 5% der Leute fahren ganz allein mit uns, um was aufzureißen. Die nächsten 10% haben das zumindest im Hinterkopf. Kontaktwillig sind beinahe alle.«*

Die Alternativ-Bus-Reisen-Leute finden Animationsspielchen albern und machen sich bezüglich Kontakte überhaupt keine Gedanken. »Die Leute sind ja wohl erwachsen genug, um miteinander klarzukommen«, lacht Willi, der das Bremer Büro in der Weberstraße leitet. Das Durchschnittspublikum rekrutiert sich aus Studenten, Alternativen und Lehrern, Spontis, die sicher auch ständig was im Hinterkopf haben, aber aus dem Alter, wo Animation hilfreich sein kann, längst heraus sind.

Kennenlernen kann man sich bereits auf den Vorbereitungstreffen und mittlerweile zum Standardprogramm aller »nicht-etablierten« Busreiseveranstalter gehören. Ein Tip für Lonely-Boys war 1985 Elba, zwei Drittel aller Elba-Reisenden war im Durchschnitt weiblichen Geschlechts, da fehlten pro 50-Plätze-Bus letztendlich 8,5 Lover!

Die Anfänge

Vorläufer des Omnibusses waren die Postkutschen, die neben der Beförderung der Briefe eine planmäßige Beförderung von Reisenden als erste aufnahmen. Doch eine Vergnügungsreise waren solche Fahrten auch noch nicht, als in der zweiten Hälfte des 18. Jahrhunderts die Bestrebungen dahin führten, das Straßennetz zu erweitern und zu verbessern. Das erste Omnibusunternehmen, abseits der Postkutschen, das zu bestimmten Zeiten bestimmte Linien zur Personenbeförderung durchfuhr, wurde im März 1662 in Paris gegründet.

Oben: Pferdeomnibus der »Concessionierten Berliner Omnibus-Compagnie« um 1850.
Seite 19 oben: Einer der letzten Pferdeomnibusse von Basson in Hamburg. Die Linie wurde im Mai 1890 eingestellt. Unten: Ein Omnibus der Linie »Ohlsdorf - Langenhorn - Ochsenzoll« in Hamburg im Jahr 1910. Die Linie wurde 1916 eingestellt.

Kutschen »für alle«

Als am 2. Oktober 1898 zwischen Künzelsau und Mergentheim im nördlichen Württemberg mit einem Daimler »Victoria«-Motorwagen eine Kraftomnibuslinie eröffnet wurde, ahnten nur wenige Zeitgenossen, welche Bedeutung und Verbreitung der Kraftomnibus im kommenden Jahrhundert erreichen sollte. Heute ist der »Bus« aus dem modernen Verkehrsleben nicht mehr fortzudenken. Er befördert tagtäglich ungezählte Tausende von der Wohnung zur Arbeitsstätte und zurück. Er ist auch im Zeitalter der Jumbo Jets immer noch ein ideales Transportmittel für Urlaubsfahrten und stößt in die landschaftlich reizvollsten Gegenden vor. Er verbindet die abgelegensten Dörfer mit den Städten.

Doch die Geschichte des Omnibusses beginnt nicht erst mit der Erfindung des Motorwagens. Sie ist viel älter. Schon im 17. Jahrhundert versahen geräumige, oft mit unbedeckten Obersitzen versehene Pferdefuhrwerke ihren Dienst als Omnibus. In den Metropolen der damaligen Zeit spielten sie

neben den Fiakern eine wichtige Rolle bei der regelmäßigen Personenbeförderung als sog. »Lohnwagen«. Die ersten Omnibusse wurden in Paris eingeführt. An der Seine begann 1662 ein Unternehmen, mit pferdegezogenen achtsitzigen *Carosses à cinq sous* bestimmte Linien zu bestimmten Zeiten zu durchfahren. Dieser Busbetrieb, der infolge eines Edikts Ludwigs XIV. ins Leben gerufen wurde, konnte sich jedoch nur kurze Zeit halten.

Ein zweiter Versuch wurde 1823 abermals in Paris gemacht. Seit dieser Zeit setzte sich auch der Name »Omnibus« — lateinisch: *für alle* — durch. Die Pferdeomnibusse verdrängten mehr und mehr die Post- und sonstigen Reisekutschen. Sie setzten deren Tradition in verbesserter Auflage fort. Vergnügungsreisen waren die Fahrten der damaligen Omnibusse trotzdem nicht. Noch waren die Straßendecken zu schlecht. Mancher Fahrgast war nach der ständigen Rüttelei und dem Schaukeln geradezu erholungsbedürftig.

Erst in der zweiten Hälfte des 19. Jahrhunderts gingen von Frankreich und England konsequente Bestrebungen aus, die Straßendecken und das rollende Material zu verbessern. Vor allem durch die Vergrößerung der Wagenräder versuchte man, die

Sprechstunden Wexpassage 14
Wochentags Abends v. 6 bis 9, Sonntags v. 2 bis 5 Uhr
Vorm: v. 11-2 Uhr.
10 Pf.
ALTONA · ST. PAULI · HAMBURG · ST. GEORG · HOHENFELDE
PALMAILLE. BÖRSE. LÜBSCHERBAUM.
30

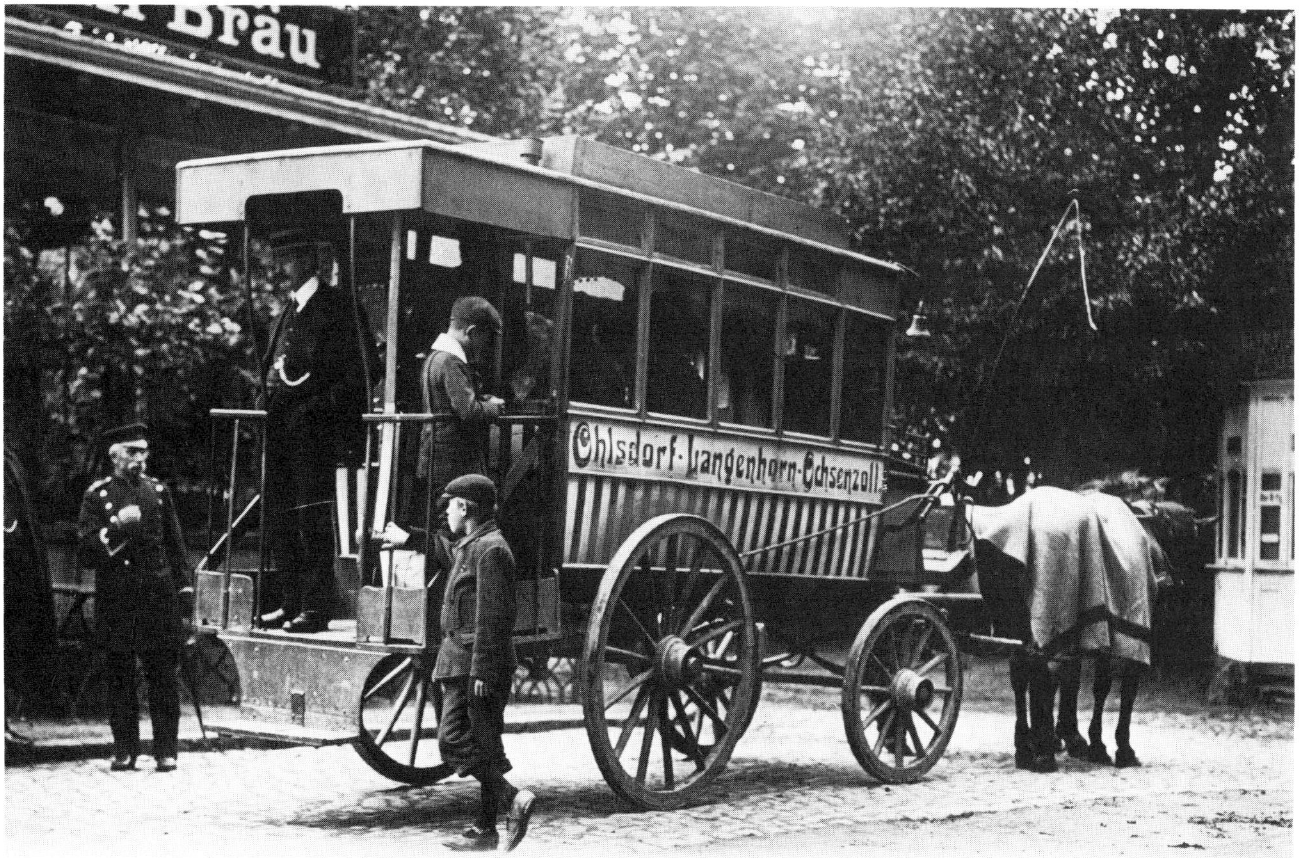
Bräu
Ohlsdorf · Langenhorn · Ochsenzoll

Rechts: Ein Pferdeomnibus im Jahre 1890 in der Leipziger Straße im Berliner Bezirk Mitte. Seite 21: Ein (Marienfelder) Daimler-Omnibus der »Königlich-Bayerischen Post« aus dem Jahre 1905.

Elastizität der Busfuhrwerke zu erhöhen. Die Erfindung des luftgefüllten Reifens, der schon im Jahre 1845 patentiert und in London ausprobiert wurde, war ebenfalls ein Meilenstein im Beförderungsgewerbe. Wichtig war auch die Erfindung der lenkbaren Vorderräder, wodurch das Drehgestell erspart wurde. Diese Erfindung stammte von einem Wagenbauer namens Lankensperger in München aus dem Jahre 1815. Außerdem ist die für den leichten Gang des Wagens ausschlaggebende Kugellagerung der Achsen zu erwähnen. Sie ging auf ein britisches Patent aus dem Jahre 1775 zurück.

Dampf gemacht wurde dem frühen Omnibusgewerbe durch die »rollenden Teekessel« — die Dampfwagen. Schon Anfang des 19. Jahrhunderts wurden sie zur Personenbeförderung eingesetzt. Allerdings war die Dampfmaschine anfangs noch schwerfällig und umständlich. Erst ein leichterer und einfacherer Motor konnte Fortschritte bringen und sich in größerem Maße durchsetzen. England war das Zentrum der Dampfomnibusse. Dort setzte Walter Hancock schon 1830 mehrsitzige »Buslokomotiven« zu Linienfahrten ein. Sie avancierten schnell zu Bindegliedern des Verkehrs. In puncto Schnelligkeit und Bequemlichkeit konnten sie aber die nächsten Jahrzehnte nicht mit der kurz darauf aufkommenden Bahn konkurrieren. Trotzdem wurden Dampfomnibusse zu einer gewohnten Erscheinung. 1861 war der berüchtigte Dampfwagen »Fly-by-night« erbaut worden, dessen Eigentümer auch nach Eintritt der Dunkelheit noch mit 17 bis 25 Stundenkilometern Geschwindigkeit durch die Ortschaften »brauste«. Dafür wurde er wegen nächtlicher Ruhestörung so oft eingesperrt, daß er schließlich zu einer List griff und sich und seiner Begleitung Feuerwehrhelme aufsetzte und Uniformen anzog; auch maskierte er seinen Bus mit Wasserschläuchen und Wassereimern — der Feuerwehr gewährte man ja schließlich freie Fahrt ...

Eine rasche und umwälzende Entwicklung machte der Omnibus mit der Erfindung des Verbrennungsmotors durch. Mit dem Aufkommen der ersten Kraftomnibusse verlegte sich ein erhebliches Maß an Personenverkehr vom Schienenstrang auf die Straße. Die Busse waren nicht auf einwandfreie Bahndammunterbauten angewiesen; sie brauchten keinen durchorganisierten Apparat von Signalen, Bahnhöfen und fuhren auch bei schwachem Verkehr rentabel. Zudem ergänzten sie geradezu ideal das Bahnnetz. Wo aufwendige Eisenbahnstrecken an der Finanzierung scheiterten, verbanden Omnibusse die größeren Verkehrszentren mit abseits gelegenen Ortschaften.

Schon kurz nach der Jahrhundertwende verbannten die Motorbusse immer mehr die Vorspannpferde — die Romantik der Landstraße wurde fortan vom Viertakt bestimmt. Ungeahnte Möglichkeiten wurden dem Tourismus durch den Omnibusverkehr erschlossen. Blieb zuvor dem Eisenbahnreisenden die rauhe Hochgebirgswelt verschlossen, konnte er nun mit dem Bus an den Rand und auf die Spitze der Berge fahren. Da die Busse billiger verkehrten als die langsamen Kremser, wurde der Fremdenverkehr durch das neue Verkehrsmittel demokratisiert. Zuvor brauchte man viel Zeit und Geld, um sich vom anfälligen und kostspieligen Pferdegespann auf die Höhen befördern zu lassen, zu denen die Bahn nicht gelangte.

Die Geschichte des Buslinienverkehrs begann mit einer Linie, die auch als erster Werksverkehr bezeichnet werden kann. In Bayern betrieb die königliche Post schon um 1905 ein größeres Omnibusnetz. Gerade in den Bergen konnte der Bus die konstruktive Reife des Antriebs mit Verbrennungsmotoren beweisen.

Auf Linie

Arbeitsstätte und Wohnort liegen nicht immer direkt beisammen — das ist heute so und war vor hundert Jahren nicht anders. Stundenlange Fußwege mußten angetreten werden — oder es wurde am Arbeitsplatz übernachtet. Scheinbar wurde der Arbeitslohn dann eher in die Wirtschaft getragen als nach Hause zur Familie. Zwar gab es zwischen dem siegerländischen Arbeiterwohnort Netphen und den umliegenden Fabriken eine Postkutschenverbindung, jedoch nur einmal täglich, und die Kapazität reichte nicht aus. Diesen Mißstand wollten die Väter der ersten Omnibuslinie beheben. Honorige Unternehmer gründeten deshalb 1894 die »Netphener Omnisbus-Gesellschaft«. Bald wurde ein Benz Motorwagen für 5000 Mark erworben und am 18. März 1895 in Dienst gestellt. Viermal am Tag befuhr er die Strecke. Die fünf Pferdestärken reichten aus, 10 Personen zu befördern. Bergauf mußte jedoch oft mit Menschenkraft nachgeholfen werden. Technische Probleme kamen hinzu: Reparaturen machten die Anschaffung eines Ersatz-Wagens erforderlich. Auch das konnte nicht genügen: schließlich fuhr der letzte Linienomnibus auf der Strecke Netphen – Deuz am 20. Dezember 1895. Benz zeigte sich kulant: die beiden Busse wurden zurückgenommen.

Nur zögernd kamen neue Omnibuslinien hinzu. 1897: München; 1898: Lauenburg, Künzelsau – Mergentheim; 1899: Flensburg, Speyer. Die Pioniere mußten meist nach kurzer Zeit wieder aufgeben.

Zu den technischen Problemen kam zum Teil auch eine Form von »Maschinenstürmerei«. Am längsten hielt sich die Omnibusgesellschaft in Speyer, die zehn Jahre bestand und 1909 aufgelöst wurde. Die technische Wartung der Busse wurde von Daimler vorgenommen — die Busfahrer waren keine Mechaniker. Dafür wurde ein Pauschalpreis gefordert. Vor allem das starken Preisschwankungen unterliegende Benzin brachte Verluste und führte zur Eröffnung von Bahnlinien.

War dem Engagement von Carl Benz im deutschen Linienbusverkehr wenig Erfolg beschieden, so gelang es 1898, im walisischen Llandudno einen Bus zu verkaufen, der für Ausflüge neue Dimensionen auftat. Das Flagg»schiff« der Linie besaß einen 15-PS-Motor und konnte 12 Personen befördern. Sehr gute Absätze wiederum in England sicherte sich Daimler. Seine erfolgreichen Chassis veranlaßten andere deutsche Konkurrenten wie Büssing, Dürkopp, Stoewer zu einem Engagement auf der Insel. Einheimische englische Hersteller konnten jedoch ab 1906 zusehends die deutschen Anbieter verdrängen.

Zu den Pionieren Daimler und Benz gesellten sich um die Jahrhundertwende andere Hersteller von Bussen. Die Stettiner Firma Stoewer lieferte einen Omnibus für die Strecke Leipzig-Linie-Magdeburg-Ottersleben. Weiter seien erwähnt 1902: Saarburg-Daxburg, 1903: Freiburg-Hexental und Kehl-Badersweier-Linx; Nürnberg-Heroldsberg und Heroldsberg-Eicheberg. 1904 wurde die Linie Braunschweig-Wendeburg eröffnet. Der Betreiber und der Hersteller waren ein und derselbe: Büssing.

Aber nicht nur im Überlandverkehr wurden Bus

se erfolgreich eingesetzt, auch im innerstädtischen Verkehr war der Omnibus ein ernsthafter Mitbewerber um den Personenverkehr. Der Ausbau der Straßenbahnlinien vom Stadtzentrum zu den Vororten stieß an eine Grenze: er war zu kostspielig. Der Omnibus hingegen konnte unabhängig von einem Schienennetz auch in dünn besiedelten Gebieten eingesetzt werden.

Der größte Konkurrent der Überlandlinien war die Eisenbahn. Denn sie konnte zu geringeren Fahrpreisen das Fortkommen erleichtern. Dennoch vermochte der Omnibus mit dem Flair des neuen Reisegefühls werben. Anders verhielt es sich im Vergleich zu den Pferde-Omnibussen: Für eine einfache Karte der Strecke Sindelfingen-Böblingen mußten für echte Pferdestärken 20 Pfennige berappt werden, für den motorgetriebenen Bus jedoch nur 15 Pfennige. Auf dieser Strecke war auch eine Wochenkarte für Arbeiter erhältlich, die 80 Pfennige kostete.

In Bayern wurde der Automobil-Omnibus-Liniendienst mit dem angestrebten Monopol der Post auf Eröffnung neuer Strecken verknüpft. Die erste Linie der bayerischen Post konnte am 1. Juni 1905 in Betrieb genommen werden. Ein Daimler hatte unter allen Anbietern den Zuschlag erhalten, obwohl er der teuerste war. Sein Aussehen entsprach mehr der neuen Technik als die anderen angebotenen Postkutschen-Applikationen. Die Post konnte sogar die Fahrpreise auf der Strecke mehr als halbieren: von 1,10 Mark auf 50 Pfennige. An den Bus wurden besondere Anforderungen gestellt. Es mußten schließlich erhebliche Steigungen von bis zu 14 % bewältigt werden. Für die 21 Fahrgäste war die Mitnahme von 300 kg Gepäck möglich. Wertsachen konnten in einem verschließbaren Kasten deponiert werden. Die Post machte auch finanziell ihren Schnitt, es wurden sogar Überschüsse erwirtschaftet. ein wichtiger Grund hierfür lag in den mittlerweile gesunkenen Benzinpreisen. Die bayerische Post war der Motor für die Einführung und den Ausbau des motorisierten Busbetriebs geworden. Bis 1914 war das Liniennetz auf 143 Postlinien angewachsen, davon 101 in Bayern. Fünf Linien wurden von der Eisenbahn betrieben, 22 von Gemeinden und 197 von privaten Unternehmen.

Ging der Impuls für den Linienverkehr auf dem Land von der bayerischen Post aus, so wurde für den motorisierten Ausflugsverkehr das erste Unternehmen in Hamburg gegründet. Der Inhaber eines Restaurants bot bereits 1902 seinen Gästen an, Rundfahrten zu übernehmen. Das Konzept hatte Zukunft: Um die Nachfrage auch 1914 noch befriedigen zu können, wurden große Busse eingesetzt. Kunden wurden übrigens auch durch Hotels geworben, die dafür eine Provision erhielten. Galt bei Stadtrundfahrten ein Fahrplan, der eingehalten werden wollte, so wurden die ländlichen Ausflüge nach Bedarf festgelegt. Auch modische Ziele konnten relativ schnell bedient werden. Ein noch größeres Ereignis für die Omnibusunternehmer waren hingegen die Oberammergauer Festspiele.

Unternehmen des Reiseverkehrs wurden manchen Ortes auch von städtischen Verwaltungen unterstützt. Die »Wiesbadener Auto-Verkehrsgesellschaft m.b.H.« wurde durch einen Zuschuß — der einmalig sein sollte — und u.a. von Bernz & Cie. gegründet. Angeboten wurden Ausflüge z.B. nach Bad Schlangenbad. Das angebotenen Programm war ein Erfolg.

In Deutschland wurden für 1914 insgesamt 73 Ausflugslinien gezählt, die nur im Sommer betrieben wurden. Winters wurden die Karosserien umgebaut zu Lkws, eine Vorgehensweise, die bis in die fünfziger Jahre angewandt wurde. Alle Linien zusammen ergaben die Zahl von 367 öffentlich oder privat betriebenen Linien. Die aufsteigende Tendenz im Ausflugsverkehr wurde jedoch jäh durch den 1. Weltkrieg beendet: die Omnibusse wurden vom Militär konfisziert. Dies war das vorzeitige Ende für jeden dieser Betriebe.

Im Jahre 1919 einen Bus zu beschaffen, war nicht leicht. Die seit 1914 beschlagnahmten Busse gingen nicht an den vormaligen Besitzer zurück. Es gab als Trost jedoch 15 % Wiederanschaffungsrabatt, der gleichermaßen auch für Händler galt. Busse, die den Krieg leidlich überstanden hatten und sich zur Benutzung eigneten, gab es nur bei einer staatlichen Firma. Falls schon Neubauten verfügbar waren, durfte nur die Reichspost sie erwerben. Bedarf für Busse war vorhanden. In den Fabriken gab es auch freie Kapazitäten. Firmen stellten ihre Produktion auf die Herstellung von Bussen um. Neue Namen erschienen. Omnibuslinien gab es 1918 kaum noch. Wer eine Buslinie betreiben wollte und also Busse kaufen mußte, bekam nur zwei pro Monat zugeteilt.

Erst nach Fortfall der Beschränkungen 1920 ging es langsam an die Wiederaufnahme eines geregelten Linienbetriebs. Die Berliner ABOAG konnte 1920 gerade fünf Linien betreiben, hatte 1921 hingegen schon wieder 86 Omnibusse und 1922 bereits 131. Im Überlandverkehr sah es besonders fade aus. Erst 1924 wurden wieder so viele Passagiere befördert wie 1914. Wenngleich schon 1920 wieder ein Liniennetz wie 1914 bestand, so standen nicht genügend Fahrzeuge zur Verfügung. Richtungsweisende Neuerungen waren im Busbau bis 1924 nicht zu verzeichnen. Lediglich den Reifenfirmen gebührt der Verdienst, einen Luftreifen angeboten zu haben, der auch für schwere Fahrzeuge problemlos, d.h. auf Dauer, einsetzbar war. War der deutsche Bus bislang ein Komplice des Lkw und sah er auch in der Grundform entsprechend aus, so war hier im Jahr 1924 ein Fortschritt erreicht worden. Eine bedeutende Weiterentwicklung war der Niederrahmen — kein Unbekannter mehr in anderen Motorwagen. Der Niederrahmen war jedoch ein Import aus den USA. Zuerst im US-Bus Fageol angewandt, gab es 1924 die ersten deutschen Erzeugnisse von MAN, Benz, Mannesmann und Magirus. Die Zeit der aufgebockten Kasten war vorbei. Es fehlte nur noch der Dieselmotor als die adäquate Antriebsart und der Bus der 20er Jahre war entwickelt.

Oben: Seltene Aufnahme eines Werksgeländes der Autoindustrie vor 1914. Sie zeigt die »Expedition« der Namag, der Vorläufer-Firma der Hansa-Lloyd-Werke in Bremen um 1912. Links im Bild ein Bus. Rechts: Marienfelder Omnibus aus dem Jahre 1903.

Seite 22 oben: Der erste Motor-Omnibus der Welt, ein noch kutschenähnlicher Benz-Motorwagen, der im Siegerland verkehrte. Mitte: Ausflugsbus, Fabrikat unbekannt, im Jahre 1932 in der Nähe des Kyffhäusers. Unten: Ford-Kleinbus, Typ BB, aus dem Jahre 1935. Seite 23 oben: Früher Bus in Bremen. Er lief scheinbar auf Schienen, war aber — siehe Steuer — lenkbar (ca. 1905). Mitte: Ausflugsbus im Jahre 1926. Unten: Eleganter Hansa-Lloyd-Reisebus mit drei Abteilen (Fahrerhaus, Wohn- und Schlafzimmer) von Hansa-Lloyd, karossiert bei Rembrandt in Delmenhorst, im Jahre 1926.

Schöne Aussichten: Ausflugsbusse

Die ersten Rundfahrtbusse waren in England im Einsatz. Es wurden einfach Gartenbänke auf einer Wagenplattform in schiefer Ebene angeordnet. Von dieser ersten und primitivsten Form des »Gesellschaftsbusses«, den es schon lange mit Hafermotor gab, bevor das Automobil Allgemeingut wurde, leitete sich auch der Name für die späteren Konstruktionen ab. Die Engländer nannten die Rundfahrtvehikel »Char-à-banc« oder kurz »Charra«.

An sich war der Grundgedanke des Gesellschafts- bzw. Rundfahrtbusses auch in Deutschland schon kurz nach der Jahrhundertwende bekannt. Die bayerische Postverwaltung ließ auf verschiedenen Gebirgsstraßen Oberbayerns, etwa auf der viel besuchten Kesselbergstraße zwischen Kochel- und Walchensee und der daran anschließenden Verbindungsstrecke nach Mittenwald, schon etwa zehn Jahre vor Ausbruch des Ersten Weltkriegs sogenannte Aussichtsautomobile laufen, die sich großer Beliebtheit erfreuten und sich darum auch gut rentierten. Als sich dann in den Großstädten der motorisierte Omnibus bewährte und einbürgerte, ging man dazu über, auch die bis dahin mit Pferdezug arbeitenden sogenannten »Fremdenwagen« durch Kraftwagen zu ersetzen und damit die Rundfahrten durch die Städte schneller und billiger zu gestalten. Erst der Kraftwagen bot die Möglichkeit, eine große Zahl von Fahrgästen zu befördern, ohne daß man eine schwerfällig hohe Zahl von Zugpferden vorspannen mußte, besonders, wenn es darum ging, größere Steigungen zu nehmen. Der Aussichtswagen der Postverwaltung, der Autobus im Großstadtverkehr und das Spezialauto für Fremdenrundfahrten, sie alle hatten als Vorbild die englischen Char-à-banc und gehörten auch zur gleichen Fahrzeugklasse.

Und doch gab es einen Unterschied: beim Char-à-banc wurde der Charakter als Luxuswagen stärker betont als bei den übrigen Arten von Gesellschaftswagen. Die »Charra« konnte von einer größeren Anzahl von Personen, meist 20 bis 30, zu einem bestimmten Fahrpreis gemietet werden, entweder für eine ganz bestimmte Tour oder für einen ganzen Tag, ja selbst für eine oder mehrere Wochen. Außerdem wurden, besonders an Sonntagen, einzelne dieser Gesellschaftswagen auch auf den beliebtesten Ausflugsstrecken — ohne vorherige Anmietung — in Betrieb gestellt. Sie waren rasch bis auf den letzten Platz mit Ausflüglern belegt. Der Erste Weltkrieg und seine Folgen hatte in England und Frankreich die meisten »Autler« zur Aufgabe ihres eigenen Automobils gezwungen. Da sie aber von Zeit zu Zeit eine Automobilfahrt geniessen wollten, suchten sie im Gesellschaftswagen einen Ersatz.

Das Charakteristische des Char-à-banc bestand darin, daß die einzelnen Sitzreihen unter einem mäßig geneigten Winkel einander überragten. Man konnte bequem sitzen und wurde durch den vorne befindlichen Fahrgast in der Aussicht nicht behindert, wenngleich jede Sitzreihe die vorangehende nur um einige Zentimeter überragte, summierte sich dies doch derart, daß die Insassen der letzten Reihe schon in luftiger Höhe thronten. Der Char-à-

Ausflugsbus in der Schweiz Mitte der zwanziger Jahre. Man beachte, wie das Reisegepäck auf den Trittbrettern verstaut wurde. Es dürfte sich um einen Bus der eidgenössischen Post, vielleicht ein Saurer-Fabrikat, handeln.

banc wies stets die neuesten technischen Errungenschaften des Automobilbaus auf: elektrische Beleuchtung, elektrische Anlasser, eine motorisch angetriebene Luftpumpe für die Bereifung, leicht auswechselbare Vollscheibenräder oder abnehmbare Felgen, Wagenbehälter für Ersatzräder und -reifen sowie Werkzeug und ein zusammenlegbares Verdeck. Je größer die Anzahl der Sitze war, desto rentabler war der Betrieb.

In England führte der Einsatz der »Charras« zu viel kritisierten Ausflüglersitten. Die englische Presse brachte laufend bittere Beschwerden. Da wurde geschildert, wie die Straße von London nach Brighton an jedem Sommersonntag von einer endlosen Prozession aller erdenklichen Fahrzeuge vollgestopft war, die von den ersten Morgenstunden bis spät in die Nacht nicht abriß. An jedem »weekend« wurde Brighton von mindestens 400 bis 500 wirklichen oder nachgemachten Gesellschaftswagen »heimgesucht«, die unter sich kleinere oder größere Wettrennen veranstalteten. Dabei pflegten manche Insassen solcher Gefährte leere Whiskeyflaschen aus dem Wagen mitten in Scharen spielender Kinder hineinzuwerfen. Auch das Singen und Hornblasen verspäteter Ausflügler störte die Nachtruhe. Bei schlechtem Wetter wurden die Fußgänger auf den Straßen von mächtigen Schlammassen darüber belehrt, daß es immer noch nicht gelungen war, einen brauchbaren »Kotschützer« zu konstruieren.

Besonders in Berlin kamen schon zur wilhelminischen Zeit Rundfahrtbusunternehmen zur Blüte.

Sie sorgten dafür, daß die Besucher der Reichs-hauptstadt, deren Zeit bemessen war und die keinen Freund oder Bekannten an der Spree besaßen, die Metropole mitsamt Luna Park und Schloß Charlot-tenburg kennenlernten. Einer der ersten, der Stadt-touren in Berlin arrangierte, war der Kaufmann William Käse. Sein Geschäft mit den Reisenden flo-rierte nicht zuletzt deshalb, weil Käse schon zu ei-ner Zeit offene Kraftomnibusse einsetzte, als andere Branchenvertreter noch mit Pferdefuhrwerken zu Besichtigungsfahrten aufbrachten.

Die Hauptstadt des Reiches lud damals die Deut-schen wie Ausländer gleichermaßen zu sich. *»Jeder einmal nach Berlin«*, predigte man in der Weimarer Zeit von allen Reklametafeln und Litfaßsäulen. Und wer jemals von Hamburg oder Bremen kom-mend die riesige Zeppelinhalle in Staaken oder den Berliner Funkturm sah und schließlich in vollem Licht der Sonne oder der Bogenlampen den Potsda-mer Platz und den Verkehrsturm, das Geschenk der Stadt New York, in Käse's Rundfahrtbus passierte, verstand, warum sich Berlin als einer der Mittel-punkte der Erde betrachtete (wenngleich der wider-spenstige märkische Sandboden keine Hochhaus-Skyline à la Chicago möglich werden ließ).

Der Kraftverkehr in Berlin vergrößerte sich vor allem von 1913 bis 1926 erheblich, er verzwölffach-te sich auf dem Nutzfahrzeugsektor. Auch die Zahl der offenen Aussichtswagen für die Stadtrundfahr-ten stieg rapide an — die Neugier der Reisenden machte die Konkurenz mobil. Der »Baedeker« nannte zunächst die Büros »Union« und »Wallroth« und später noch »Berolina«, »Lloyd« und »Elite«, und bald war es soweit, daß fast jede Stunde eine neue Rundfahrt Unter den Linden starten konnte. Jede Gesellschaft hatte natürlich ihren besonderen Halteplatz. Die Chauffeure von Käse fuhren beim renommierten Café Bauer ab, wo heute ein eintöni-ger Gebäudeklotz in typischer DDR-Betonskelett-bauweise steht.

Die »Fremdenführer«, wie sie damals noch hie-ßen, waren mit ihrer Schirmmütze und »Flüstertü-te« stadtbekannt. Ihnen gesellten sich geschäfts-tüchtige Fotografen zu, die Erinnerungsaufnahmen schossen und sofort nach Rundfahrt zum Kauf an-boten. Da die Stadtrundfahrtbusse meist sehr lang waren, es aber noch keine weitwinkelige Objektive gab, weisen die Fotos für den heutigen Betrachter ein gravierendes Manko auf — meist hatten die Foto-grafen in ihrer Not, möglichst alle Passagiere abzu-lichten, die wuchtigen Motorhauben der Busse ab-geschnitten.

Nicht nur bei Tageslicht starteten Käse und seine Wettbewerber. Es kamen bald auch Rundfahrten bei Nacht hinzu, inklusive Besuchen im Haus Va-terland, dem Wintergarten und anderen Vergnü-gungsstätten. Ende der zwanziger Jahre wurden die sogenannten »Bauweltfahrten« organisiert, die auf einer Strecke von immerhin 130 Kilometern durch die wichtigsten Großsiedlungen und Industriebau-ten der Zeit führten und Berlins neue Architektur vorstellten.

Oben: Offener Hansa-Lloyd auf Werksfahrt in Bremen Mitte der zwanziger Jahre. Der Bus basierte auf dem Hansa Lloyd 2 to-Lkw, ei-nem der erfolgreichsten Lastwagen jener Zeit. Seite 26 oben: Ausflugs-bus, vielleicht »Hansa-Lloyd«, Mit-te der zwanziger Jahre. Unten: Sightseeing Unter den Linden im Jahre 1933.

Stromlinienform

Nie waren Autobusse schöner als in den dreißiger Jahren. Die Stromlinienform wurde in dieser Zeit zum Ausdruck höherer Geschwindigkeiten, die auch den Bussen durch bessere Straßen und verbesserte Motor- und Fahrwerkskonstruktionen möglich waren. Allerdings verselbständigte sich die Stromlinie sehr bald zur ästhetischen Form, Ausdruck der vorgeblichen »Modernität« des deutschen Faschismus.

Zeitströmungen

Im Verlauf der zwanziger Jahre veränderten sich die Ansprüche an das Automobil. Der Zeitgeist war von der Geschwindigkeit infiziert worden. Tempo hieß das Schlagwort dieser Jahre. Das Auto, gestern noch Inbegriff des Fortschritts, wurde als Sinnbild der Geschwindigkeit vom Flugzeug verdrängt. Die neuen Helden der Modernität waren die Flieger. Ihnen wurde, wie Charles Lindbergh, dem eine Million Pariser nach seiner Atlantiküberquerung huldigten, die Verehrung der Menschen zuteil. Mit der Popularität der Fliegerei drangen aber auch die Erkenntnisse des Flugzeugbaus, speziell der Aerodynamik, ins öffentliche Bewußtsein und das der Autokonstrukteure. Die aerodynamische Gestaltung der Karosserie wurde jetzt zu einem wesentlichen Hilfsmittel, die Fahrleistung der Automobile zu erhöhen. Zwar hätte man die bisher vorherrschenden eckigen Gefährte durch stärkere Motoren auch auf höhere Geschwin-

digkeiten trimmen können — dies hätte allerdings zu einer wesentlichen Verteuerung sowohl der Anschaffungs-, als auch der Betriebskosten geführt . . .

Die Vorteile einer aerodynamisch geformten Karosserie läßt sich am Beispiel des Volkswagens darstellen. Der VW hat eine Frontfläche von 1,75 m², die als senkrechte Fläche einen Luftwiderstand von 84 kp ergäbe, für deren Überwindung 33 PS erforderlich wären. Da neben dem Luftwiderstand auch noch andere Widerstände, wie z.B. der Rollwiderstand, überwunden werden müssen, um den Wagen zu beschleunigen, wäre der Volkswagen bei vorhandenen 23,5 PS reichlich untermotorisiert. Durch die halbwegs aerodynamische Form des Käfers läßt sich der Luftwiderstand aber auf 32 kp senken, für dessen Überwindung nur noch 15 PS erforderlich ist. Die Lösung des Problems des Luftwiderstandes besteht aber nicht nur darin, dem Fahrzeug eine möglichst geringe Stirnfläche zu geben. Ein optimal aerodynamisch »stromlinienförmig« durchkonstruierter Wagen muß so gestaltet sein, daß die Luft glatt an ihm entlangstreichen kann und keine Neigung zur Wirbelbildung besteht. Die reine Strom-

linienform wurde allerdings nur selten von den Auto-mobilkonstrukteuren durchgesetzt, da sie mit anderen Attributen des Gebrauchswerts eines Autos, wie Geräumigkeit und ästhetische Akzeptanz durch den Käufer nicht zu vereinbaren war. Das, was in den dreißiger Jahren als Stromlinie firmierte, war bis auf wenige Ausnahmen nur eine sogenannte »Gebrauchsstromlinie.«

Vorreiter der Stromlinie: Rumpler und Jaray

Schon 1921 hätten Deutschlands Autofabrikanten auf eine aerodynamisch gestylte Karosserieform zurückgreifen können, auf den Rumplerischen Tropfenwagen. Dem Namen Rumpler begegnete man in den zwanziger Jahren nicht nur im Automobilbau, sondern auch im Flugzeugbau, in der Kältetechnik und in anderen Disziplinen. Edmund Rumpler (1872-1940) galt zeitlebens als schillernde Persönlichkeit, die immer gut war für technische Sensationen

wie für Kuriositäten. Die Form des fallenden Tropfens, von dem Rumpler annahm, daß er hinten spitz zuläuft, schien ihm die ökonomische Idealform des Autos. Sein danach konstruierter Tropfenwagen, 1921 auf der Berliner Automobilausstellung gezeigt, hatte $c_w = 0,28$ — besser als heute der neueste Golf. Ansonsten wies er diverse technische Kinderkrankheiten auf und war vor allem aufgrund seiner avantgardistisch anmutenden Form nahezu unverkäuflich. Die meisten der produzierten Wagen wurden daher billig verramscht und endeten etwas modifiziert als Taxen auf Berliner Straßen oder wurden als Filmrequisiten in Fritz Langs 'Metropolis' Opfer des Drehbuchs.

Um in den dreißiger Jahren stromlinienförmige Kraftfahrzeuge überhaupt bauen zu dürfen, mußte man als Konstrukteur erst einmal eine Patentlizenz von der Aktiengesellschaft für Verpatente in Luzern ankaufen. Der geborene Wiener Paul Jaray hielt nämlich deutsche und internationale Patente auf den sogenannten Stromlinienwagen. Jaray stammte ebenso wie Rumpler aus dem Flugzeug- und Luftschiffbau

Oben: Trambus von Büssing in einer aerodynamischen Karosserie der Bad Cannstatter Firma Vetter um 1937/38. Der Wagen wurde durch eine 90 PS-Sechszylindermaschine angetrieben. Seite 28: »Aero« der Essener Karosseriefabrik Gebr. Ludewig auf einem Opel Blitz Fahrgestell. Dieser Wagen ging im Jahre 1937 an die Hamburger Hochbahn Aktiengesellschaft. Mit ihm wurden 22 bis 23 Passagiere befördert. Die 65 PS Opel-Benzinmaschine ermöglichte angeblich Höchstgeschwindigkeiten von 110 - 120 km/h.

Hitler besichtigt im Jahre 1939 auf der Internationalen Automobilausstellung den Stand von Ludewig. Ins Bild schiebt sich die Schnauze des »Aero-Blitz« auf einem Opel-Blitz Niederrahmenfahrgestell. Der Wagen bot 21 Plätze für Passagiere und — wie der Prospekt aufmerksam vermerkt — »10 Patent-Aschenbecher, reichlich Mantelhalter«. Der Preis 17.750 RM. Seite 31 oben: Bussonderkarosserie auf einem Krupp-Fahrgestell des Berliner Professors Emil Everling. Der Bus besaß einen 4 Liter-65 PS Kruppmotor, der mit Normalkarosserie 80 km/h beschleunigte. Der Everling-Bus soll 100 km/h erreicht haben. Die Flossen am Heck bilden die sog. von Everling konstruierte »Windbremse«. Der Bus war eine Auftragsproduktion für die Deutsche Reichsbahn. Unten: Ein Anderthalbdecker von Ludewig in Stromlinienform aus dem Jahre auch, wie er 1934 auf der IAA stand. Auch bei diesem Fahrzeug, das den Fahrersitz im Zwischendeck hatte, stand ein Opel-Blitz-Chassis und -Motor zur Verfügung. Der Wagen wurde von einem Essener Reiseunternehmen im Liniendienst zwischen Essen und Ostsee bzw. Essen und St. Gotthard eingesetzt.

und hatte in der zwanziger Jahren durch systematische Untersuchungen über das Strömungsverhalten von Fahrzeugkarosserien seine Patente erarbeitet. Die von ihm selbst erdachten Karosserieformen setzten sich im Automobilbau nicht durch, da er der aerodynamischen Optimierung zu viel Innenraum und Material opferte.

Als Beginn der serienmäßigen Herstellung von aerodynamischen Kraftfahrzeugen gilt der Tatra 77 von 1934, konzipiert von dem Tschechen Hans Ledwinka, und der Chrysler Airflow (ebenfalls 1934). Bis 1938 kamen die Firmen Adler und Hanomag in Deutschland, Steyr in Österreich und Singer in England mit eigenen Modellen hinzu. Neben diesen serienmäßigen Stromlinienfahrzeugen gab es noch für fast jedes Serienfahrwerk Stromlinienkarosserien für Versuchszwecke oder auf besondere Bestellung des Autokäufers.

Die Autobahn als Schrittmacher

Die Zeitschrift »Motorschau« zitierte noch im September 1937 einen Autokäufer über Stromlinienautos: *»Und wenn Sie mir heute sagen, daß ich mit einem Stromlinienwagen bei Geschwindigkeiten über 100 km/h einen soundsovielprozentigen Leistungszuwachs habe — wer fährt denn schon 100 und wann kommt er dazu?«* Laut »Motorschau« ließ sich der Käufer nicht einmal mit dem Hinweis auf die Reichsautobahnen überzeugen, solch ein »überkandideltes« Stromlinienfahrzeug zu kaufen. Was sollte auch ein Autofahrer mit einem Fahrzeug mit Spitzengeschindigkeiten über 100 km/h, wenn das gesamte Straßensystem noch eher auf Pferdefuhrwerke zugeschnitten war? Die knapp 1000 Autobahnkilometer, die 1937 fertiggestellt waren und auf denen man die Vorteile eines Stromlinienwagens ausnutzen konnte, waren wahrlich kein überzeugendes Kaufargument. Trotzdem erwies sich die Propagierung und der Bau kreuzungsfreier Autostraßen als innovativ für den Kraft- und Nutzfahrzeugbau. Mit den neuen Autobahnen war der seltene Fall eingetreten, daß die Lei-

stungsfähigkeit einer Straße die der vorhandenen Automobile bei weitem übertraf. Es gab zwar Stromlinienkarosserien, aber die hohen Dauer- und Spitzengeschwindigkeiten verursachten zunächst nur Motorschäden, Federbrüche und Reifenprofilauswaschungen. Der Bau autobahnfester Fahrzeuge wurde zu einer Prestigeangelegenheit der Hersteller.

Die deutsche Reichsbahn als Trägerschaft der Autobahnen und Monopolist des Fernreiseverkehrs war gleichfalls gezwungen, den Herstellern vielfältige Anreize zur Belegung der Busherstellung und zur Schaffung eines autobahnfesten Schnellbusses zu geben.

Doch bleiben wir zunächst bei den Autobahnen. Das System der Autobahnen in Deutschland geht in erster Linie auf die Anregungen der 1926 gegründeten HAFRABA (Abkürzung für Hamburg, Frankfurt, Basel) zurück, die als privater Verein den Bau einer kreuzungsfreien Autostraße von Hamburg über Frankfurt nach Basel propagierte. Die Idee der kreuzungsfreien Straße scheint die HAFRABA von den schon 1923 in Italien gebauten Schnellstraßen Varese-Como und Mailand-Bergamo entlehnt zu haben. Zu den Mitgliedern der HAFRABA gehörten so renommierte Firmen wie Dyckerhof und Söhne, die Strabag (Straßenbau Aktiengesellschaft), Wayß und Freytag AG, Namen die man noch heute an Straßenbaustellen findet. Auf die Pläne dieses Konsortiums, die in der Regierungszeit und mit Zustimmung Brünings als Arbeitsbeschaffungsmaßnahme schon bis zur Baureife entwickelt worden waren, konnten die Nationalsozialisten 1933 zurückgreifen. Insgesamt war ein Autobahnnetz von 7.000 km geplant, von denen 1938 ca. 3.000 km und bis 1945 3.860 km fertiggestellt wurden.

Omnibusse

Im »Gesetz über die Errichtung eines Unternehmens Reichsautobahn« vom Juni 1933 war die deutsche Reichsbahn als Trägergesellschaft für die Autobahnen festgesetzt worden. Gleichzeitig wurde ihr die Errichtung von planmäßigen Schnellreiseomnibuslinien auf den Autobahnen übertagen. Einen ausgesprochenen Schnellreiseverkehr mit Bussen gab es bei der Eröffnung der ersten Autobahn nicht. Der Zustand der Landstraßen und besonders die engen Ortsdurchfahrten verhinderten, daß man mit den zwei- oder gar dreiachsigen Bussen der Eisenbahn vergleichbare Reisegeschwindigkeiten erreichen konnte. Abgesehen davon gab es auch noch keine autobahntauglichen Busse.

Als erste Autofirma sicherte sich, wie konnte es auch anders sein, daher 1933 die Firma Daimler Benz die Lizenz für Stromlinienfahrzeuge von Jaray. Ihr 1935 vorgestellter Bus in Stromlinienform war ohne Motorhaube und mit überbautem Frontmotor — in der sogenannten Trambusform mit glatten Seitenpartien, die über die Räder hinausragten, ausgeführt. Der Bus hatte also keine ausgeprägten Kotflügel mehr. Die zweigeteilte Windschutzscheibe war in sich gebogen und fügte sich dadurch organisch in die

Oben: Leichtbus der Nordwestdeutschen Fahrzeugwerke GmbH in Wilhelmshaven aus dem Jahre 1951. Der Bus war ein Versuchsprototyp, der gemeinsam mit Ford entwickelt wurde. Er war ausgerüstet mit einem Sechszylinder Hercules-Diesel, der 90 PS leistete. Der Bus bot 42 Sitzplätze. Konstrukteur war der Bremer Flugzeugbauer Heinrich Focke. Unten: Ludewig Aero-Blitz aus dem Jahre 1937. Seite 33 oben: Schnellbus von NWF auf Ford-Basis aus dem Jahre 1952. Dieser Bus ging in die Fertigung.

Seite 33 unten: Schon Mitte der zwanziger Jahre begann Theo Pekol, in Jever Omnibusse selbst zu bauen. Mit ihnen betrieb er einen eigenen Linienverkehr im Kreis Friesland. 1932 übertrug ihm die Stadt Oldenburg den Stadtverkehr, den vorher die Bremer Vorortbahnen durchführten. Schon 1934 stellte Pekol seine Linienbusse auf Dieselbetrieb um. 1936 setzte er Obusse ein, die von ihm konstruiert und von Daimler-Benz gebaut wurden. Nach dem Krieg baute Pekol seinen Betrieb wieder auf und fertigte Anhänger u.a. für die Post. Der abgebildete Bus ist einer von vier Bussen, die 1954 in selbsttragender Leichtmetallbauweise mit Einzelradaufhängung gebaut wurden. In die Busse wurden Henschel 90 PS-Motore Unterflur eingebaut. Später wurde die Fertigung Kässbohrer übertragen. Erst 1985 verkaufte die Familie des Buskonstrukteurs und Unternehmers (der 1958 starb) die letzte privat betriebene großstädtische Nahverkehrslinie an die Stadt Oldenburg. 1986 betrieb die Oldenburger »Verkehr und Wasser GmbH« ein Liniennetz von 180 km Länge mit 77 Bussen — davon sieben Gelenkomnibussen.

abgerundete Frontpartie ein. Mit einer 95 PS Dieselmaschine erreichte er eine Höchstgeschwindigkeit von 120 km/h (Werksangabe). Vor allem aufgrund dieser hohen Reisegeschwindigkeit wurde er von der Reichsbahn für die ersten Schnellbuslinien angekauft. Bei den dann ausgelieferten Bussen fehlte allerdings die Ganzverkleidung der Vorderräder.

Mit der Eröffnung der ersten Autobahnstrecken setzte naturgemäß ein Run aller Karosserie- und Nutzfahrzeughersteller auf die Jaray-Patente ein. Um an dem erwarteten Geschäft mit den Schnellreisebussen zu partizipieren, entwickelten Karosseriefirmen, teils im Auftrag der Reichsbahn, teils auf eigene Rechnung, mehr oder weniger stromlinienförmig ausgebildete Omnibusse. Die Stromlinienform wurde auch im Nutzfahrzeugbau Mode. Lautsprecherwagen in Stromlinienform, verkleidete Lkws, alles bekam, oft sinnlos, runde oder abgerundete Formen.

Mit der Ausrichtung der Omnibusse auf den Schnellverkehr mußte auch die Technik der Fahrzeuge verbessert werden. Die mechanischen Bremsanlagen der damals üblichen Lastwagenchassis, auf die die Omnibusaufbauten karossiert wurden, reichten bei Spitzengeschwindigkeiten von über 100km/h nicht mehr aus und wurden durch hydraulische Anlagen ersetzt, mit denen Bremsverzögerungen von 4 - 4,5 m/s² erreicht werden konnten. Als Getriebe verwandte man ursprünglich 4-gängige Zahnradschaltgetriebe mit angebautem Schnellgang, ab 1939 teilweise schon halbautomatische 7-Ganggetriebe von Maybach. Die Reichsbahn ging nach kurzer Zeit für ihren Schnellreisedienst, der bis 1938 schon auf 700.000 jährlich beförderte Personen gestiegen war, zu einer Standardkarosserie über, wie sie in ihrer Grundform erstmals von der Karosseriefirma Ludewig aus Essen entworfen worden war. Die von der Reichsbahn initiierte Standardkarosserie besaß eine abgerundete Haube und abgedeckte Radausschnitte, war aber ansonsten im Hinblick auf die Aerodynamik nicht sonderlich ausgebildet. Fensterkanten, unversenkte Türgriffe und besonders unverkleidete Unterböden waren die Hauptströmungsfallen. Diese Standardkarosserie wurde von verschiedenen Firmen auf alle gängigen Lastwagenchassis montiert und an die Reichsbahn ausgeliefert. Gänzlich nach aerodynamischen Kriterien durchkonstruierte Busse waren die Ausnahme, so der Bus der Karosseriefirma

Vetter (Bad Canstadt) aus dem Jahre 1935. Der Bus hatte eine spitz zulaufende Hecklinie, verkleidete Hinterräder und günstig geformte Kotflügel. Die Wagenunterseite war verkleidet. Auch Jaray selbst versuchte stromlinienförmige Busentwürfe an die deutschen Hersteller zu verkaufen. Aber einzig die Waggonfabrik Uerdingen ließ sich 1936 auf dieses Experiment ein. Ein Einzelstück blieb auch der von der Firma Erdmann und Rossi in Berlin gebaute Everling-Bus. Der von Prof. Everling konstruierte Bus übertrumpfte selbst die Jaray-Entwürfe mit einem cw-Wert von 0,15. Das Charakteristische dieses Busses waren ausgeprägte Heckflossen und eine sogenannte Luftbremse. Mit einer 65 PS Maschine erreichte er eine Spitzengeschwindigkeit von 100 km/h. Ausgelegt war die ganze Konstruktion mit einer stärkeren Maschine auf 200 km/h.

Die zuerst von Daimler eingeführte Trambusform als Karosserieform ohne Kotflügel und mit innenliegendem Front- oder Heckmotor galt vor dem Weltkrieg als zu avantgardistisch und wurde nur vereinzelt wieder aufgenommen, u.a. 1936 von Gaubschat. Nach 1945 wurde sie zur gängigen Grundform aller Bushersteller. Die Stromlinie als Zweckform war allerdings nach dem Kriege out. Zu sehr war diese Form in der Zeit des Faschismus mit dem nationalsozialistischen Fortschrittsbegriff verhaftet gewesen. Ihr haftete das Odium des Verdrängten und nicht Bewältigten an. Die sich in den fünfziger Jahren wieder häufende Anlehnung an Stromlinienformen war eher ein Zitat des amerikanischen Fahrzeugbaus zur Verkaufsförderung. Als modische Einsprengsel wurden dort gerne Elemente der siegreichen US-Bomber aufgegriffen wie z.B. Heckflossen als Analogie zu den Leitwerken der Düsenjäger. Ansonsten wurde in einer Zeit der bezahlbaren Benzinkosten der cw-Wert zum Tabu.

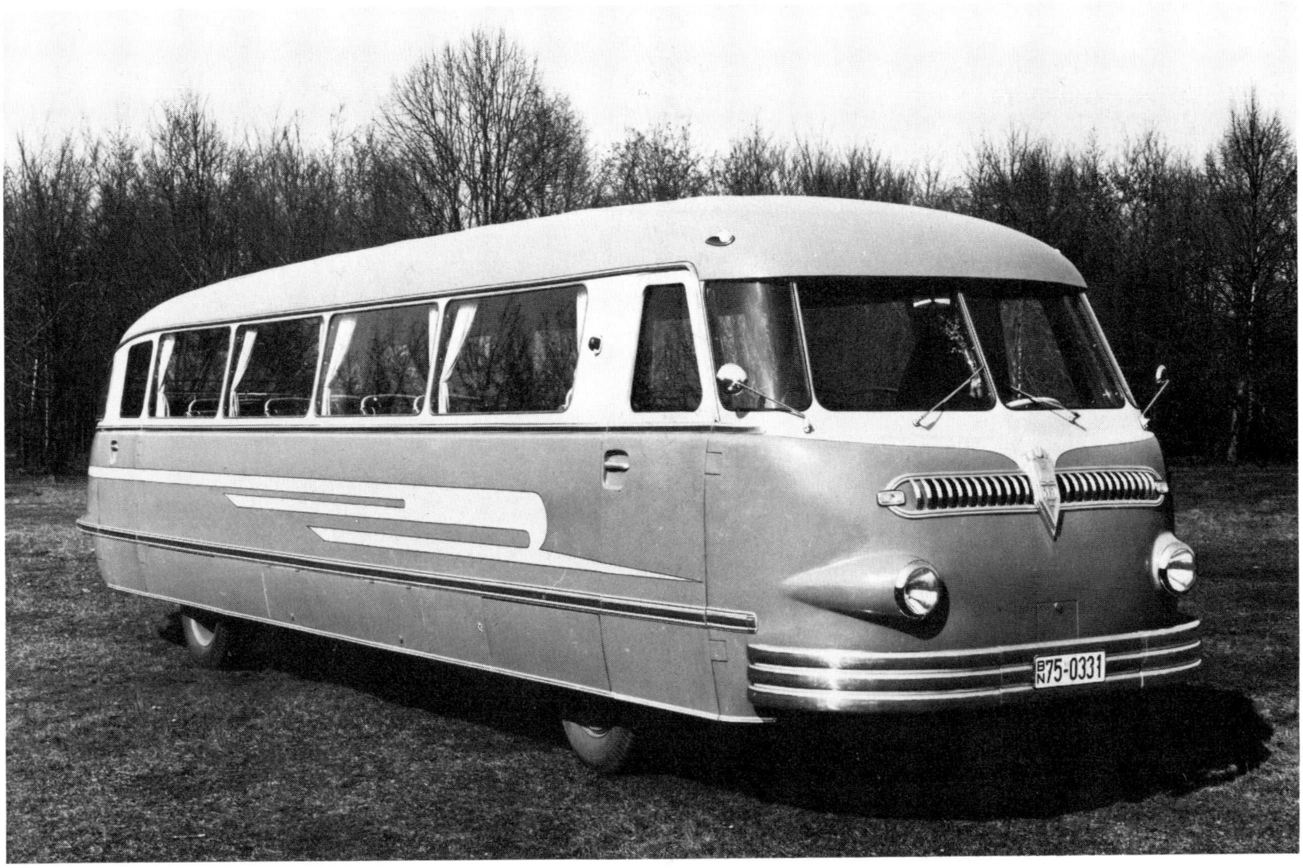
BN 75-0331

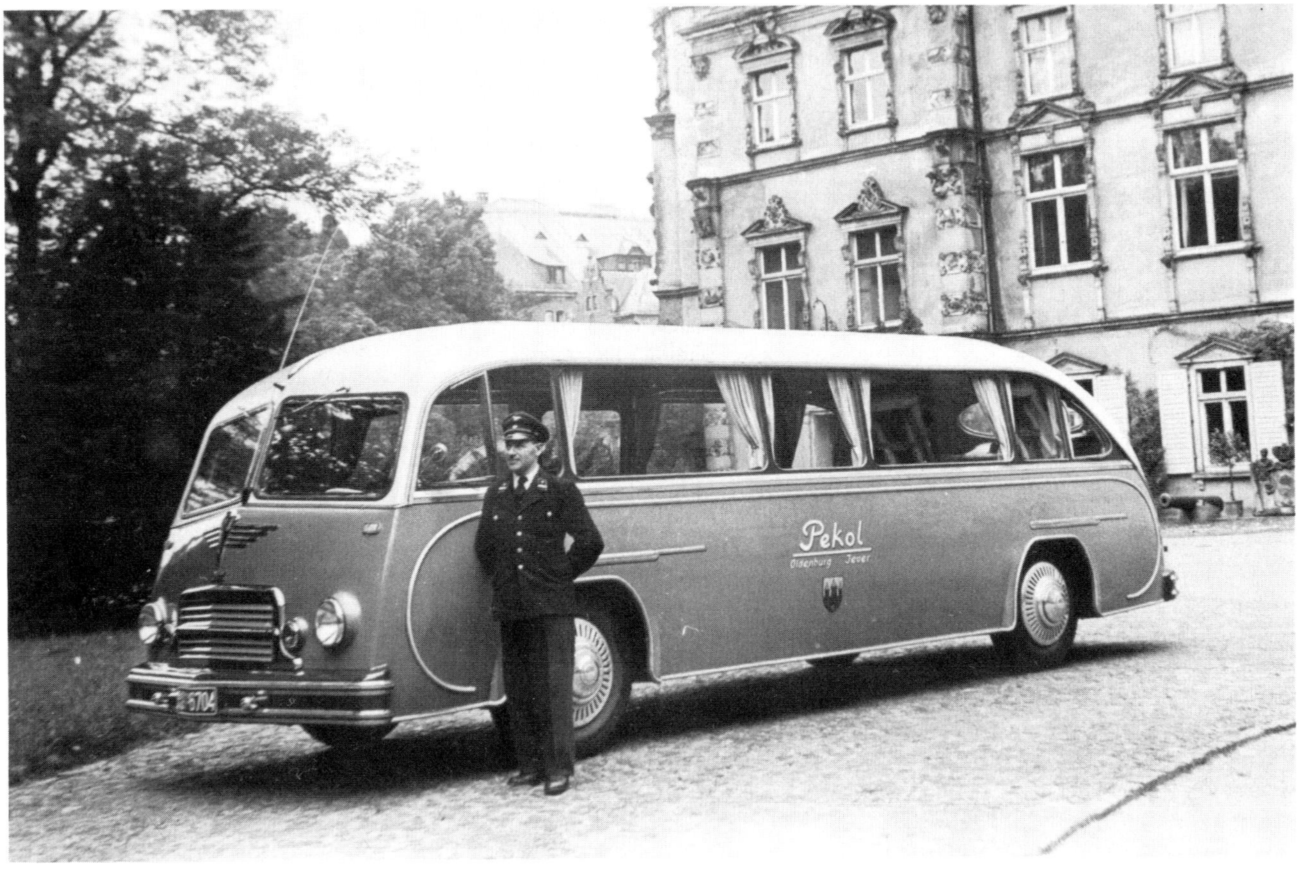
Pekol
Oldenburg Jever

Sonderlinge

Zunächst hießen die ersten Oberleitungsbusse noch »gleislose Bahn«. Nichts drückt ihrer Zwitterstellung zwischen den weitverbreiteten Straßenbahnen und den zu dieser Zeit noch in den Kinderschuhen steckenden ersten Kraftomnibussen besser aus. Die große Stunde der Busse mit den Plus- und Minusleitungen schlug aber erst, als in Deutschland während des Faschismus der Einsatz heimischer Energie propagiert wurde. Heute ist die Zeit der Obusse — nach einem Hoch in den fünfziger Jahren — vorbei. Die Umweltdiskussion kam für dieses vernünftige Verkehrsmittel zu spät.

Mit langer Leitung: Der Obus

Die Erfindung der dynamoelektrischen Maschine durch Werner von Siemens war die entscheidende Voraussetzung für elektrische Fahrzeugantriebe. Bereits 1847 dachte Siemens nachweislich an eine Elektrodroschke, jedoch dauerte es wegen des Problems der Stromzuführung noch einige Zeit bis sich die Obus-Lösung anbot. Im Unterschied zur Straßenbahn, wo die Minusleitung durch die Schiene gebildet wird, benötigen Busse wegen ihrer isolierenden Bereifung nämlich zweipolige Fahrleitungen. Am 29. April 1882 führte Werner von Siemens die erste Straßenbahn mit Oberleitung der Öffentlichkeit vor. Auf der 540 Meter langen Versuchsstrecke fuhr ein achträdiges »Elektromote« genanntes Fahrzeug, das zwei 2,2 kW Motoren zum Antrieb benötigte, die durch 550 V Gleichstrom gespeist wurden.

Der erste Linienverkehr eines Obusses wurde 1903 in Dresden aufgenommen. Die »Dresdner Geschäfts-, Luxus- und Straßenbahnfabrik Karl Stoll« betrieb die 5,2 km lange Heidebahn, die den Fahrgast in 25 Minuten ans Ziel brachte. Die Anlage bestand nur eineinhalb Jahre. Hier zeigte sich das Problem, das der Kontaktwagen, der den Dynamo enthielt und den Strom abnahm, ein solches Gewicht hatte, daß er die Leitung, auf der er an Rollen lief, zu sehr beanspruchte. Wegen der Kinderkrankheiten, die auch diese Neuerung zwangsläufig mit

sich brachte und dem schlechten Straßenzustand, wurde die Anlage nach wenigen Monaten wieder abgebaut. Es zeigte sich, daß die Konstruktion der Stromzuführung letztlich entscheidend für das Überleben der verschiedenen Bautypen sein würde. Aus allen Anlagen der Pionierzeit ließ sich nur die Erkenntnis gewinnen, wie man nicht konstruieren darf.

Erst durch die Einführung von zwei Kontaktstangen, die die Stromleitungen mit dem Triebwagen verbanden, konnten die Stromzufuhrprobleme gelöst werden. Die Kontaktstangen drückten vom Triebwagen auf die Leitungen und machten die schweren und anfälligen Kontaktwagen überflüssig. Erfunden hatte sie der Siemens-Ingenieur Max Schiemann, der unbestrittene Pionier des Obus in seiner Grundform. Schiemann wechselte wegen des geringen Interesses von Siemens an der gleislosen Elektrobahn nach Dresden und konnte dort für die Dresdener Straßenbahn die erste »Obusbahn« Deutschlands, die am 10. Juli 1901 ihren regelmäßigen Betrieb als »Bielathal-Motorbahn« aufnahm, entwickeln.

Äußerlich den Pferdeomnibussen entlehnt, wurden die eisenbereiften Räder durch einen Doppelmotor angetrieben. Vor- und Rückwärtsfahrt in Reihen- oder Parallelschaltung war ebenso möglich wie Kurzschluß- oder Gegenstrombremsung, die Hinterräder konnten mechanisch gebremst oder gesandet werden. Ein Anhänger — ein- oder zweiachsig — für Güter ließ sich anhängen. Wenn der Schiemannsche gleislose Wagen zwar die Kinderkrankheiten überwunden hatte, einen Nachteil hatte er beibehalten: der Stromverbrauch war im Gegensatz

zur Straßenbahn wegen der Fahrwiderstände höher.

Trotzdem wurden bis 1911 in Deutschland schon 110 Obusse gebaut, die auf 13 Linien 50 km Streckenlänge befuhren. Wenn sich die Obusse auch international zu behaupten begannen, so brachte der Ersten Weltkrieg doch einen Rückschlag. Die wertvollen Kupferleitungen wurden z.B. für Kriegszwecke gebraucht. Nach 1918 verhinderte die wirtschaftliche Lage die Weiterentwicklung dieses Antriebs in Deutschland. Die Pionierzeit war beendet. Bis 1930 brach in Deutschland die Entwicklung des Oberleitungsbusses ab.

Zurück aus USA: Der Trolley

In England wurden nach dem Ersten Weltkrieg neue Obuslinien errichtet, da dort die alten Straßenbahnanlagen abgearbeitet waren und ein Wirtschaftlichkeitsvergleich für den Obus günstiger ausfiel. Auch konnte der Obus mehr Fahrgäste befördern und benötigte dabei weniger Betriebskosten. Die Wagenkonstruktion wurde dem englischen Straßenbus-Doppeldecker nachempfunden. Um das Platzangebot von 50 Plätzen zu erweitern, wurden schon bald auch Dreiachser gebaut. Um 1938 liefen in England ca. 3.000 Obusse, in den USA ca. 2.000. Die stürmische Entwicklung in den beiden Ländern ließ fast vergessen, daß es sich eigentlich um eine deutsche Entwicklung handelte. Als »Trolleybus« kam sie nun zurück aufs europäische Festland. In Frankreich wurde z.B. 1924 zwischen den Städten Nimes, Lafoux und Comps eine Verbindung eingerichtet, die mit 10 Obussen und 15 Güteranhängern betrieben wurden. Technische Neuerung war nicht nur der Zusatzantrieb in den bis zu vier Anhängern, die von dem Triebwagen gespeist wurden, sondern auch die Achsschenkellenkung, die ein sicheres Spurhalten ermöglichte.

Nach dem Ersten Weltkrieg wurde im Deutschen Reich gar nicht erst weiter an den Aufbau eines Obusnetzes gedacht, vielmehr wurde mit viel Aufwand das Straßenbahnnetz erneuert. Andererseits wurden in den städtischen Randzonen Busse mit

Seite 35: »Gleislose Bahnen« werden im Jahre 1907 bei Hansa-Lloyd in Bremen verladen. Oben: Ein Wagen der ersten Bremer Obus-Linie nach Arsten im Jahre 1910. Die Linie wurde 1914 eingestellt.

Oben: Versuchs-Obus in Berlin-Lichterfelde um 1905. Obus-Doppeldecker als Sattelschlepper in Berlin (Ost) vor dem Ostbahnhof im Jahre 1957 (Typ 2001/201). Unten: Der einzige Obus-Doppeldecker, der in der Bundesrepublik im Einsatz war. Es handelt sich um einen Henschel Obus mit einem Aufbau der NWF der Hamburger Hochbahn. Die Aufnahme stammt aus dem Jahre 1953.

Benzinmotoren eingesetzt, die den Vorteil der Mobilität hatten. Aber noch war der Dieselmotor keine Konkurrenz für Straßenbahn und Obus. Der sinkende Bedarf der Industrie an Elektroenergie brachte den Obus in Erinnerung. Erst 1930 jedoch wurde wieder eine Obuslinie zwischen Mettmann und Gruiten eröffnet — dank der Rührigkeit der Rheinisch-Westfälischen Elekrizitätswerke.

In Berlin fuhr zwischen Spandau und Staaken vom 24.12.1933 an ebenfalls eine Obuslinie. Die weitere Entwicklung verlief schleppend, obwohl der Verband Deutscher Kraftfahrunternehmungen bis 1939 drei zweiachsige Normtypen und einen Dreiachser entwickelte. Im Jahre 1941 konnten so immerhin 180 Triebwagen gezählt werden, mehrere hundert waren im Bau. Dieser Aufschwung war nur zu erklären mit dem Rohstoffmangel (Benzin) des faschistischen Deutschlands, was zu einer Ausnutzung des heimischen Bodenschatzes Kohle zur Stromerzeugung zwang. Die Konjunktur des Obus erlahmte allerdings kriegsbedingt wegen Materialmangels wieder. 1944 wurde die Produktion gänzlich eingestellt. Technische Weiterentwicklungen fanden nicht mehr statt.

In den dreißiger Jahren wurden aus Kostengründen in Deutschland einige Straßenbahnlinien auf Obusbetrieb umgestellt. Die Veränderungen des Leitungssystems, die wegen der Installation einer Minusleitung notwendig waren, waren im Vergleich zu einer Erneuerung der Gleisanlagen gering und kostengünstig. Wie bei der Straßenbahn war eines der größten Probleme des Obusses der enorme Platzbedarf an den Wendestellen. In vielen Städten wurde deshalb statt im Stadtbereich teure Wendeschleifen anzulegen, auf Drehscheiben zurückgegriffen.

Mit der Verbreitung des Obus einher ging auch die Vereinheitlichung seines Äußeren und der Konstruktionsprinzipien. In der Regel waren die Busse Zweiachser, die deshalb nur ein bescheidenes Platzangebot hatten. Deshalb wurden wie in England

schon bald Drei- und Vierachser entwickelt, die es auf erstaunliche Längen brachten. Damit verbunden waren aber Folgeprobleme wie die Länge von Haltestellen, Garagen, Werkstätten usw. Deshalb wurden auch Doppeldeckerbusse gebaut, zum Teil mit offenem Oberdeck. Alle Bauvarianten des Busses mit Verbrennungsmotoren gab es auch bei Strombetriebenen: Fahrzeuge mit Hängern, Drei- und Vierachser, Anderthalbstöcker und Gelenkbusse.

Die Umweltdiskussion kam zu spät

Nach dem 8. Mai 1945 wurde auch das Nahverkehrssystem wieder aufgebaut — wenn auch schleppend. Gleise für die Straßenbahn erforderten erheblichen Materialaufwand. Kraftstoff war nur unzureichend vorhanden. Es herrschten günstige Ausgangsbedingungen für den Obus, zumal noch Teile aus der nicht fertiggestellten Produktion vor 1945 vorhanden waren. So konnte z.B. in Dresden eine Obusteilstrecke in Betrieb genommen werden. Die Fortschritte im Karosseriebau für Lkws wurden auch für den Obus genutzt. Der technische Fortschritt brachte die Möglichkeit der Betätigung der Fahrleitungsweichen vom Fahrersitz aus, auch die Vergrößerung der Antriebsleistung, größere Geschwindigkeit, bessere Federung, Falttüren mit Druckluftantrieb, eine Verbesserung der Stromabnehmer.

1953 warb die Waggonfabrik Uerdingen mit folgenden Argumenten für den Obus: »Obusse halten dicht an der Bordschwelle. Die Fahrgäste können unbehindert aus- und einsteigen. Durch das hohe Beschleunigungsvermögen und die große Kraftreserve kann sich der Obus nach jedem Halten rasch wieder in den Verkehrsfluß einreihen. Andere Fahrzeuge werden leicht überholt, da er nach rechts und links bis je 4,50 m vom Fahrdraht abweichen kann. Der große Einschlag der Vorderräder macht das Fahrzeug außerordentlich wendig. Enge und winklige Straßen können durchfahren werden und selbst auf engen Plätzen kann der Obus wenden.

Betriebstechnische Vorteile beim Obus: Kürzere Umlaufzeiten ergeben höhere Einnahmen. Höhere Reisegeschwindigkeiten im Stadtverkehr verringern Betriebs- und Personalkosten. Im Vergleich zum Omnibus ermäßigen sich die Wagenunterhaltskosten infolge des weniger störanfälligen elektrischen Antriebs. Die lange Lebensdauer der Fahrzeuge gestattet geringere Abschreibungssätze als beim Omnibus. Durch Fortfall der Gleisanlagen sind die Kosten geringer als bei der Straßenbahn.«

Ab 1931 war die Firma MAN führend in der Obus-Entwicklung. Daimler Benz baute schon 1937 für den Oldenburger Busunternehmer und -konstrukteur Pekol sieben Trolleybusse nach dessen Plänen. Theo Pekol war es auch, der mit Obussen von 1944 bis 1955 zwischen Jever und Wilhelmshaven

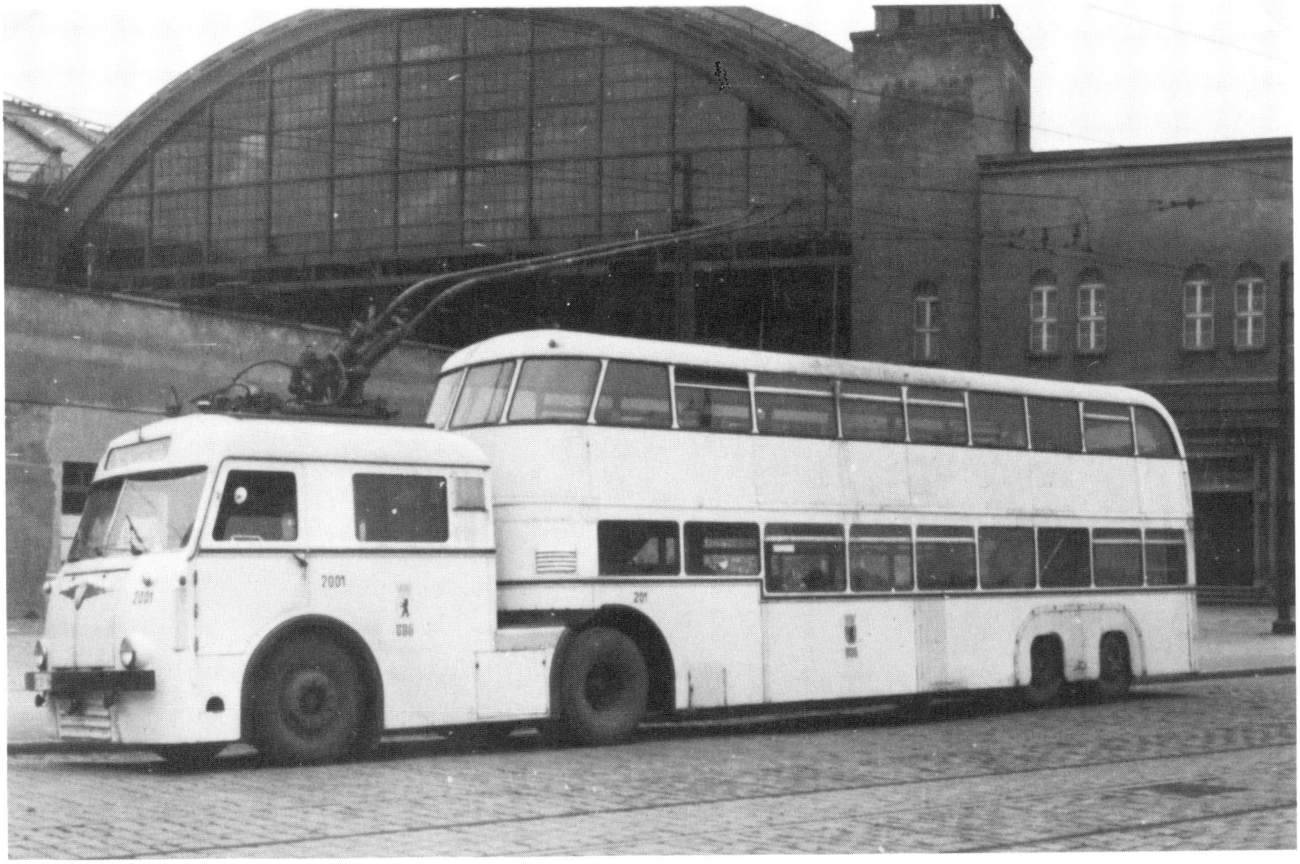
2001
201

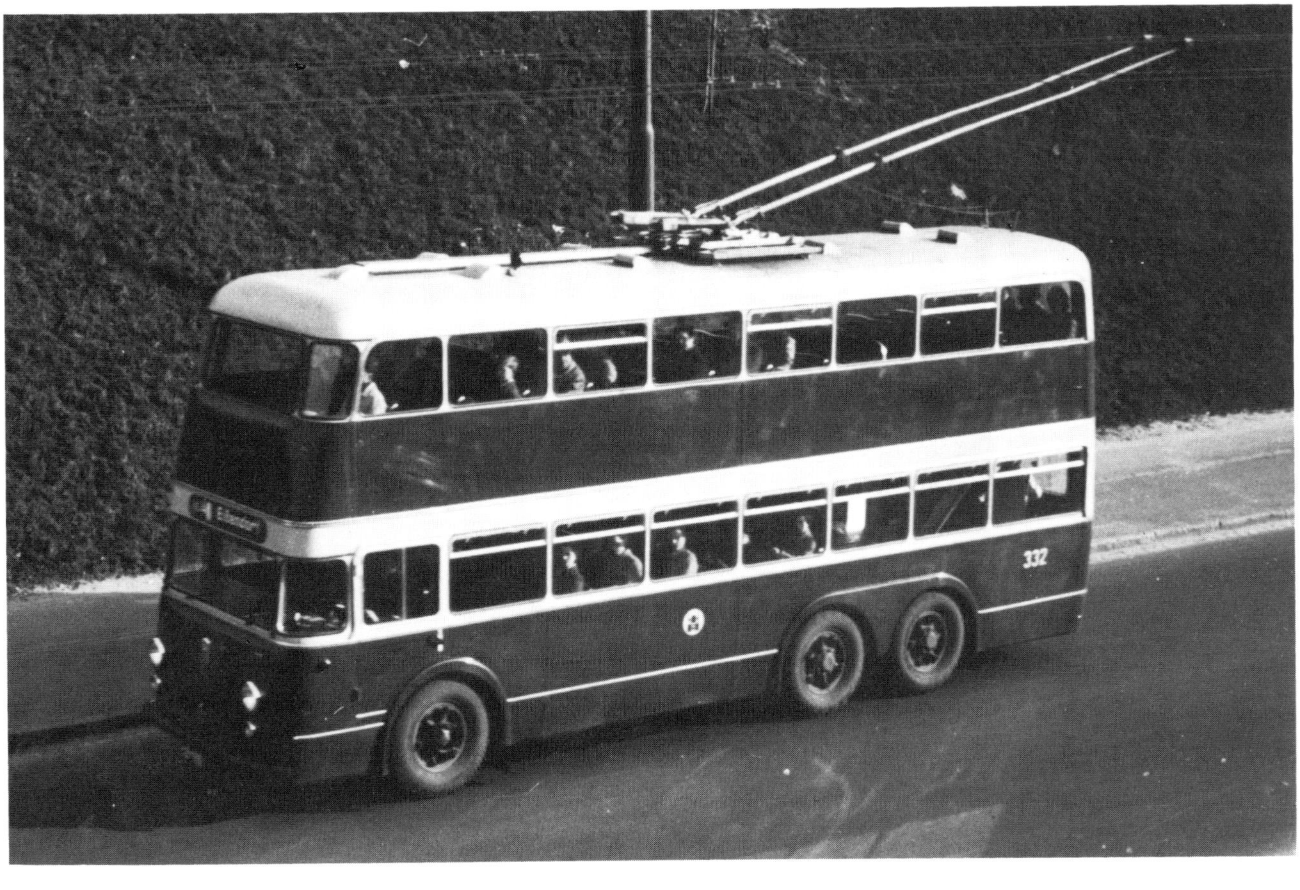
332

Der erste Gelenk-Obus von Kässbohrer während seiner Jungfernfahrt in den Straßen von Ulm im
Jahre 1954. Seite 39 oben: Oberleitungsbus der BVG in der Schild-
hornstraße im Berliner Bezirk Ste-
glitz (1952). Unten: Auch Obusse
waren mit Hänger im Einsatz, ob-
gleich ihre Lenkung wegen des
Ausbrechens der Hänger besonders viel Geschick erforderte. Im
Bild ein Henschel Obus Typ II
6500 der Baden-Badener Nahverkehrsbetriebe (1951).

A32 Bf. Marienfelde
NIVEA
B045-022

T
BAHNHOF BADEN,OOS
T
BADEN,BADEN
21-7015

Busse der Wuppertaler Stadtwerke AG:

Bereits im Jahre 1874 begann in den beiden Städten Wuppertal und Barmen die öffentliche Personenbeförderung mit Pferdebahnen, seit 1894 auch mit einer elektrischen Zahnradbahn. 1901 wurde die weltweit bekannte Schwebebahn, die in einem engen Tal raumsparend die Wupper überspannt, eingeweiht. Obwohl die Schwebebahn noch heute das Wahrzeichen der Stadt ist, ist der Bus längst Hauptverkehrsträger. Auf 44 Buslinien sind heute 247 Busse, davon 152 MAN-Fabrikate, der Rest kommt aus dem Hause Daimler-Benz, im Einsatz. 642 Fahrer werden beschäftigt, noch immer keine Fahrerin. Der letzte Schaffner wurde 1974 verabschiedet.
Das Bild zeigt einen Henschel Obus mit einem Aufbau, der von den Stadtwerken selbst entwickelt und gebaut wurde. Obusse gab es von 1949 bis 1972 an der Wupper.

eine Obus-Überlandlinie betrieb. In der Nachkriegszeit war die Waggonfabrik Uerdingen AG, die auch den berühmten »Uerdingen«-Schienenbus baute, der Hauptlieferant. In Uerdingen wurde auf Henschel-Fahrgestelle karossiert. Aber fast alle deutschen Bushersteller und -Karosseriebauer lieferten irgendwann einmal auch Obusse.

Am 5. April 1954 stellte die Ulmer Firma Käßbohrer ihren Gelenkobus vor. Zu dieser Premiere kamen Verkehrsleute aus dem gesamten Bundesgebiet, Interessenten aus Österreich sowie der Fachpresse und ein Vertreter des baden-württembergischen Innenministeriums. Otto Käßbohrer pries selbst die Vorzüge des patentierten Fahrzeugs. Die Jungfernfahrt hatte der Obus in den engen Ulmer Straßen mit Bravour bestanden. Trotz seiner 17 m Länge war er erstaunlich wendig. Der »Trick«: Der übliche zweiachsige Anhänger wurde mit dem Motorwagen so fest verbunden, daß ein neues, selbständiges Gelenkfahrzeug entstand, bei dem Vierachser wurden die beiden Wagenteile durch zwei in der Querrichtung miteinander verbundene Drehkränze mit unterschiedlichen Durchmessern zu einer Einheit zusammengefaßt. Dem Fahrgast bot sich erstmals das Vergnügen, auf dem Gelenk auch in den Kurven stehen zu können. Die Wendigkeit wurde

auch durch die hintere Doppelachse bedingt, die mit Achsschenkellenkung ausgestattet war, wodurch der hintere Wagenteil in gleicher Spur wie der Triebwagen lief. Da die Anhängerkupplung wegpatentiert wurde, konnte dieser nun umbaute Raum als Fahrgastraum benutzt werden. 170 Personen konnte man so befördern. Die Stadt Neuss kam als erste in den Genuß, diesen Oberleitungsgelenkbus einzusetzen.

In der Nachkriegszeit und in den fünfziger Jahren gehörte der Obus zum Bild der Städte. Erst als elektrische Energie immer teurer, Dieselkraftstoff aber relativ billiger wurde, begann das Sterben der Obuslinien. Obusse gab es Ende der siebziger Jahre, als die Umweltdiskussion heftig einsetzte, nur noch in drei deutschen Städten: in Solingen, Esslingen und Kassel.

Geräuschlos: Busse mit Batterieantrieb

Der Elektrobus verstand sich niemals als eine Konkurrenz des Benzinbusses, sondern als seine Ergänzung. Wann der eine, wann der andere zu verwenden war, ergab sich in jedem Fall aus den Betriebsverhältnissen. Die Zeit vor dem Ersten Weltkrieg, als die meisten akkubetriebenen Busse liefen, war gekennzeichnet durch ein ständiges Anwachsen der Benzinpreise, während gleichzeitig ein Sinken der Preise für elektrischen Strom zu verzeichnen war. Das machte den Einsatz von Elektromobilen überhaupt erst volkswirtschaftlich attraktiv. Ein weiterer Vorteil des Elektromobils lag in seiner einfachen Bauart: der Elektromotor erzeugte unmittelbar rotierende Bewegung, welche sich in einfachster Weise auf die Wagenräder übertragen ließ. Der Elektrobus bestand nur aus Motor, Batterie und dem Fahrgestell mitsamt Aufbau. Vergaser, Zündkerzen, Magnetapparat, Andrehkurbel, Kupplung und Schalthebel fielen fort, wodurch die Bedienung außerordentlich erleichtert wurde. Jeder ungeübte Pferdekutscher lernte in kurzer Zeit einen Elektrobus bedienen und fahren. Lange Lebensdauer und niedrige Betriebskosten waren weitere Vorteile des Elektrobusses.

In der Frühzeit des Automobils gab es in Deutschland ein halbes Dutzend Anbieter von elektrisch angetriebenen Omnibussen. Von 1902 bis 1903 etwa produzierte die Firma Rudolf Hagen und Cie. in Köln-Müngersdorf leichte Elektrobusse, deren Fertigung bis 1906 von der Helios Elektrizitäts-AG, Köln-Ehrenfeld, fortgesetzt wurde. Einen Elektroomnibus für 18 Fahrgäste präsentierte 1901 die Gesellschaft für Verkehrsunternehmungen, Berlin, die unter Federführung des Elektrokonzerns Siemens & Halske Elektrofahrzeuge nach Lizenz der US-Firma Columbia, Hartford, auf die Räder stellte. Zum Aufladen der Batterie befand sich auf dem Fahrzeugdach ein Metallbügel. Leichte Busse mit zwei Elektromotoren, welche die Hinterräder antrieben, baute um 1901 das Kölner Unternehmen *»Maxwerke Elektrizität und Automobilgesellschaft Harff und Schwarz AG«*. Ebenfalls aus der Domstadt stammten kleinere Elektrobusse, vor allem für das Hotelgewerbe und für Stadtrundfahrten, welche die Firma Heinrich Scheele in der wilhelminischen Zeit offerierte.

Mitte der zwanziger Jahre brachten die Hansa-Lloyd Werke in Bremen einen Elektrobus auf den Markt. Dieses Unternehmen war damals führend im Bau der »sauberen« Automobile. Der Hansa-Lloyd Elektrobus besaß in der Ausführung des Jahres 1927 ein Niederrahmenfahrgestell und hatte Platz für 23 Sitzplätze. Der Hansa-Lloyd Elektrobus, übrigens damals das einzige Gefährt seiner Art

auf dem Markt, war ausgesprochen kurvenbeweglich. Mittels Drehschemellenkung war es möglich, die Vorderräder nahezu quer zur Fahrtrichtung zu stellen und auf diese Weise auf der Stelle zu wenden, ohne rückwärts fahren zu müssen. Da die Batterie sich über der vorderen Triebachse befand, hatten die Zugräder immer denselben Adhäsionsdruck. Die Hinterräder waren demnach lediglich Lauf- und Bremsräder. Motor und Getriebe sowie Fahrschalter waren leicht zugänglich, ohne daß sich der Fahrer unter den Wagen zu legen brauchte. Bei der Vierradbremse konnten die hinteren Räder mechanisch durch die üblichen Fuß- und Handhebel, die Vorderräder durch den Motor elektrisch gebremst werden. Alle Bremsen ließen sich einzeln oder auch gleichzeitig verwenden, so daß — wie die Hansa-Lloyd-Ingenieure enthusiastisch tönten — *»hierdurch die idealste Vierradbremse erreicht ist, die man sich denken kann.«* Wieviele Hansa-Lloyd Elektrobusse gebaut worden sind, ist nicht bekannt. Auf jeden Fall dürfte ihre Zahl äußerst gering gewesen sein. Unter anderem setzte die Stadt Neumünster eine solche Type ein.

Als »Mini-Bus« offerierten Elektrofahrzeughersteller wie Siemens (Berlin), Bleichert (Leipzig) und Hansa-Lloyd Elektrokarren, die mit einer Art Bus-Sonderaufbau versehen wurden. Zur Personenbe-

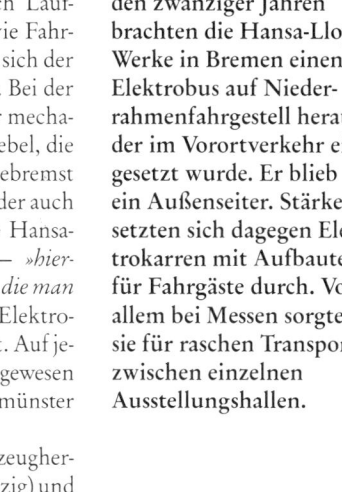

Elektrobusse tauchten in geringer Stückzahl erstmals kurz nach der Jahrhundertwende auf. Sie dienten meist als Hotelomnibusse und als Stadtrundfahrtvehikel. In den zwanziger Jahren brachten die Hansa-Lloyd Werke in Bremen einen Elektrobus auf Niederrahmenfahrgestell heraus, der im Vorortverkehr eingesetzt wurde. Er blieb ein Außenseiter. Stärker setzten sich dagegen Elektrokarren mit Aufbauten für Fahrgäste durch. Vor allem bei Messen sorgten sie für raschen Transport zwischen einzelnen Ausstellungshallen.

Oben: Obus-Anderthalbdecker
(Aufbau Ludewig) der Wuppertaler
Stadtwerke. Seite 41: Elektrobus
mit Drehschemellenkung von
Hansa-Lloyd vor dem Bremer
Bahnhof. Unten: Bergmann-
Elektrobus aus dem Jahre 1920.
Seite 43 oben: Dampfkessel des
Henschel-Dampfwagen, unten:
Henschel Dampfbus auf dem Kas-
seler Werksgelände. Seite 44 oben:
Fahrersitz des Henschel Dampf-
busses. Dampfbus-Premiere in Bre-
men im Jahre 1936. Der Flag-
genschmuck verrät, daß beim Ein-
satz von Dampfbussen ein
»nationales Interesse« im Spiel war.

förderung wurden die Transportkarren z.B. in Zoo-
logischen Gärten und auf Messen besonders gern
eingesetzt. Voraussetzung für die Verwendung waren allerdings glatte Wege. Bei Messen etwa verbanden die Transportkarren das Eingangstor mit dem
Gewirr von Ausstellungshallen und hoben die
Energie- und Zeitverluste der Besucher auf. Die Anlage einer Ringbahn, egal ob Dampf-Kleinbahn
oder elektrische Bahn, die in einer Rundfahrt sämtliche Messehallen berührte, hatte sich nicht be-
währt, da die Abhängigkeit vom Schienenstrang
keine Beweglichkeit der Verkehrslinie zuließ. Auch
die Einrichtung von Autoverkehrslinien erwies
sich in vieler Hinsicht als unzweckmäßig: in der
Hauptsache infolge schlechter Manövrierfähigkeit
bei langsamer Entwirrung des Besuchergewühls,
der starken Belastung der Besucher durch Auspuff-
gase, der umständlichen Art des Ein- und Aussteig-
ens bei hochgelegener Karosserie und im Hinblick
auf die zurückzulegende Fahrstrecke von vielleicht
nur 100 m.

Erstmals wurden die Elektrokarren in London
1924 bei der Wembley-Ausstellung zum Personen-
transport eingesetzt. In Deutschland folgte Leipzig.
Die dortige Messeleitung griff die Idee im Frühjahr
1925 auf und organisierte den Verkehr innerhalb
des Messegeländes mit Hansa-Lloyd-Zwergomni-
bussen. Die leichte Manövrierfähigkeit, die große
Fahrsicherheit (leichtes, sanftes Anfahren, soforti-
ges Halten, große Wendigkeit) und nicht zuletzt
auch die geruch- und fast geräuschfreie Fahrweise

mit elektrischer Energie brachten diesem kleinen
Bustyp Lob und Anerkennung von den vielen Mes-
sebesuchern, die zwischen den sechzehn Ausstellungshallen »im beschleunigten Fußgängertempo«
pendelten. Die vielbeachtete Eignung des Elektro-
karrens zur Passagierbeförderung rief in der Folgezeit auch bei weiteren potentiellen Anwendern großes Interesse hervor. Aus Bäderstädten, Sanatorien,
von Hotels, Parkbesitzern und Inhabern von Aus-
flugslokalen gingen Bestellungen für diesen Klein-
omnibustyp ein und erschlossen ihm weitere Einsatzmöglichkeiten. Mit einer Batteriefüllung von
nur 10 Kilowatt, die etwa 2,50 M. Stromkosten erforderten, legte z.B. der Hansa-Lloyd-Minibus, mit
zwölf Personen besetzt, mehr als 40 Kilometer zurück. Damit war er gegenüber dem Benzinfahrzeug
konkurrenzlos billig.

Busse unter Dampf

Lange bevor der Verbrennungsmotor in ein Zwei- Drei- oder Vierrad eingepflanzt wurde, gab es schon Dampfwagen. So bestand in England zu Anfang des 19. Jahrhunderts, vor dem Entstehen der Eisenbahn, ein lebhafter Verkehr mit großen Omnibussen, die durch Dampfkraft angetrieben wurden. Unter anderem baute der Engländer Walter Hancock ein Dampfvehikel, das um 1830 Linienfahrten verrichtete. England blieb bis Ende der zwanziger Jahre dieses Jahrhunderts das Zentrum der dampfenden Wagen. 10.000 Dampfwagen, durchweg Lkws, legten dort täglich ihre Kilometer zurück. Besonders genau untersucht wurde ein Sentinel-Exemplar von der Fa. Henschel & Co. in den Jahren 1940/41. Die Kasseler unternahmen eingehende Prüfungs- und Fahrversuche mit dem Dampflastwagen Nr. 9196 der »Sentinel« Wagon Works Ltd. Shrewsbury aus dem Jahre 1935. Damals hoffte man, für den eigenen Henschel-Dampfwagenbau — vor allem für die Herstellung der Henschel-Dampf-Omnibusse —, weitere Erkenntnisse zu gewinnen und die deutsche Tradition des Dampfwagenbaus, die nach 1900 die Unternehmen Brandenburger Motorwagenfabrik, Waggonfabrik Busch in Bautzen, Scheibler in Aachen, Altmann in Berlin und die Germania-Werft in Kiel aufgenommen hatten, erfolgreich fortsetzen zu können.

Wie aber kam Henschel & Sohn überhaupt zum Bau von Dampfomnibussen? Dafür gibt es eine präzise Quelle - die Lebenserinnerungen von Dr. Ing. Richard Roosen (Ein Leben für die Lokomotive, Stuttgart 1976), welcher in den dreißiger Jahren maßgeblich die Entwicklung von Henschel-Dampfwagen vorangetrieben hatte. Roosen berichtete in seinen Lebenserinnerungen:

»1930 wurde von George und William Bessler bei A. Borsig in Berlin-Tegel und bei Henschel & Sohn in Kassel ein Dampfwagen vorgeführt, der aus der Fertigung von Doble Steam Motors (USA, d.V.) stammte. Die Brüder Bessler hatten kurz zuvor das Unternehmen übernommen, da es unter der Wirtschaftskrise bei der Einzelherstellung solcher Wagen in Schwierigkeiten geraten war. Die Firmenleitung von Borsig und Henschel waren bei der Vorführung durch die vorzüglichen Fahreigenschaften des Doble-Wagens sehr beeindruckt, sodaß ein Lizenzvertrag zustande kam, um auf der Grundlage von Patenten und Erfahrungen diesen Dampfantrieb für Straßen- und Schienenfahrzeuge sowie für andere Zwecke weiterzuentwickeln. Beide Firmen wandten sich der Anwendung für Triebwagen zu, während Henschel auch Interesse an der Entwicklung schwerer Nutzfahrzeuge mit Dampfantrieb hatte. Henschel war als Hersteller von Motoromnibussen und Lastwagen mit dem Stand auf diesem Gebiet gut vertraut.«

Eine größere Anzahl von Henschel-Dampffahrzeugen wurde erstmals 1933 in Auftrag genommen und zum Teil auch im gleichen Jahr zur Auslieferung an die Kunden gebracht. Es handelte sich aber sowohl um Lastentransporter als auch um Omnibusse. Diese liefen bald in ganz Deutschland: die Bielefelder Stadtwerke setzten solch ein Fahrzeug ein, ebenso oder Omnibusbetrieb der Bremer Vorortbahnen oder die Kraftverkehrs-AG Kassel. Auch die Kraftverkehr Sachsen AG rüstete ihren Fuhrpark mit einem Dampfversuchsbus aus — er verkehrte jahrelang auf der ausgesprochen stark ansteigenden Strecke Dresden-Dipoldiswalde im Linienverkehr. Auch in Wuppertal-Elberfeld wurden Dampfbusse eingesetzt.

Die Henschel-Dampfbusse arbeiteten mit flüssigen Brennstoffen. Die Betriebsversorgung erfolgte aus der innerdeutschen Ölversorgung. Die Wagen liefen mit Braunkohlenteer-Brennölen. Außer der Brennstoffversorgung stellte sich naturgemäß für die Henschel-Ingenieure die Wasserfrage. Es gelang, den Wasserverbrauch durch weitgehende Kondensation des Abdampfes so weit herabzudrücken, daß bei den schweren Dampfbussen etwa 30 bis 50 Liter

Nicht nur der Rückgriff auf heimische Energieträger ließ in den dreißiger Jahren die Firma Henschel Dampfbusse bauen, die auch einige Jahre im Einsatz waren. Für diese Episode im Busbau sprachen auch ein ruhiger Lauf und vor allem die reichlich vorhandene Abwärme, die die sonst zu jener Zeit schlecht geheizten Busse vergessen ließ.

bei 100 km zugeführt werden mußten. Ein Vorteil des Dampfwagens war seine gute Heizbarkeit, da Abdampfwärme reichlich zur Verfügung stand. Besonders in den kalten Wintermonaten 1933/34 wußten die Fahrgäste in den Henschel-Dampfomnibussen diesen Vorteil zu schätzen.

Wie Richard Roosen in seinen Lebenserinnerungen beschrieb, war das Gros der Henschel-Dampfwagen bis in die Kriegszeit ständig unterwegs. Allerdings war der Absatz schon 1937 vollkommen zum Erliegen gekommen, weil das zur Feuerung notwendige Braunkohlenteerheizöl sich rapide verteuerte und somit der Einsatz der Henschel-Dampfwagen vielen Verkehrsbetrieben nicht nur zu »ungewöhnlich«, sondern auch zu unwirtschaftlich erschien. Lag der Preis in der Prototypen-Ära noch bei 10 Pfg. pro Liter, kletterte er 1936 gar auf 22 Pfg. Damit war kalkulationsbedingt der Dampf bei den »Wolken auf Rädern« raus. Weitere Versuche mit Dampfomnibussen hat es hernach nie wieder gegeben.

Im Wald tanken: Holzgas-Busse

Die ersten mit Gas betriebenen Omnibusse stellten die Engländer in den Dienst. Aufgrund der Insellage war Treibstoff zeitweise im Königreich besonders knapp und teuer. Man mußte den erforderlichen flüssigen Treibstoff für die Motorfahrzeuge umständlich über See einführen. Während des Ersten Weltkrieges wurden alle flüssigen Treibstoffe für den Heeresbedarf und für die landwirtschaftlichen Motorfahrzeuge reserviert. Die britischen Busunternehmer mußten zwangsläufig nach alternativen Antriebsstoffen Ausschau halten. Um 1918 begegnete man in den Straßen Londons in gewaltigen Abmessungen gehaltenen Autobussen, die das nötige Gas in einem auf dem Verdeck angebrachten Behälter mit sich führten. Um trotzdem noch eine genügend große Zahl von Fahrgästen befördern zu können, war man gezwungen, die Karosserie außergewöhnlich lang zu bauen. Ein anderer Ausweg bestand darin, daß man den Gasbehälter auf einem eigenen, meist zweirädrigen Anhänger unterbrachte, der hinten an den Bus gekuppelt wurde. Auf diese Weise konnten zwar ziemlich große Gasmengen mitgenommen werden, dafür wurde aber das Gefährt außergewöhnlich schwerfällig und unbeweglich. Der Fabrikant George Imbert, ein gebürtiger Lothringer, der jahrelang im Dienste englischer Firmen gestanden hatte, sann Anfang der zwanziger Jahre auf Abhilfe. Imbert erkannte die Unzulänglichkeiten des bisherigen Gasbetriebs und richtete sein Augenmerk auf die Schaffung transportabler Generatoranlagen, die jedem Auto — und damit auch Bussen — eingepflanzt werden konnten.

Solange der Benzinstrom in der Weimarer Zeit reichlich floß, fanden die Imbert-Gasanlagen nur wenig Interessenten. Generatorbusse liefen nur in Einzelexemplaren, als Nutztransporter tauchten sie schon eher auf. Erst in der Nazizeit mit ihren Autarkiebestrebungen stieß Imberg auf mehr Resonanz. Zunächst sollten staatliche Beihilfen und die Gewährung von Steuerermäßigungen Deutschlands Busunternehmen veranlassen, ihre Fahrzeuge auf den »nationalen Treibstoff« umzurüsten. Als 1942 der Privatverkehr längst zum Erliegen gekommen war und Sprit allenfalls noch für Panzereinheiten, Torpedokonstrukteure und Lkws im Fronteinsatz zur Verfügung stand, gab es schließlich einen Regierungserlaß, die »Heimat-Kfzs« auf Gasbetrieb umzustellen. Tausende von Bussen liefen im dritten Kriegsjahr mit Tankfüllungen aus dem Wald über die Autobahnen des Tausendjährigen Reichs.

Das Gros der Generator-Gasanlagen stammte von der Imbert-Gesellschaft, die in Köln ansässig war. Insgesamt zählte die Branche Anfang der vierziger Jahre aber 23 Hersteller. Gasgeneratoren arbeiteten nicht nur unter schwersten Bedingungen in Omnibussen für den Nah- und Fernverkehr, sondern auch in Lastwagen und Traktoren, in Raupenschleppern und Rangierlokomotiven. Manche Omnibusse fuhren im Jahr 80.000 km ohne einen Tropfen Benzin. Der Gasbetrieb war motorschonend. Fahrstrecken von 140.000 km ohne Nachüberholung galten als normal. Andererseits stießen die klobigen Generatoren nicht gerade auf Gegenliebe bei den Busfahrern. Sie schimpften über die Kraftlosigkeit des Generatorbetriebs und die arbeitsaufwendige Handhabung der Generatoren.

Die Inbetriebsetzung des Generators geschah folgendermaßen: Zunächst ließ man Frischluft mittels elektrischem Ventilator durch das Zündloch ansaugen. Dann hielt man die brennende Lunte vor das Zündloch, sie entzündete die Holzkohle im Herd. Im Idealfall war nach 2 bis 5 Minuten brennbares Gas vorhanden, so daß der Motor damit angelassen werden konnte. Bei Betriebspausen hielt sich die Glut im Generator vier bis fünf Stunden. Um wieder brennbares Gas zu haben, mußte allerdings die Glut erneut mit dem Ventilator angefacht werden. Bei Betriebspausen bis zu einer Viertelstunde sprang der Motor in der Regel ohne weiteres wieder an. Die Generatoranlage wurde durch einfaches Abstellen des Motors außer Kraft gesetzt. Die Gasbildung hörte sofort auf, so daß kein Holz mehr verbraucht wurde.

Zur Gasproduktion kam Buche, Birke, Kiefer, Tanne und Erle, mit und ohne Rinde, allein oder gemischt in Frage. Sägemehl und Späne konnten bis zu 10 Prozent mitvergast werden. Das Holz mußte

Holzgas-Omnibusse erlangten stets dann Bedeutung, wenn flüssiger Kraftstoff zur Mangelware wurde. In Deutschland tauchten die »Holzkocher« im Omnibusgewerbe vor allem in der Nazizeit auf, als Benzin ausschließlich Lkws im Fronteinsatz, Panzereinheiten und der Luftwaffe vorbehalten blieb. Die mit Holzgasgeneratoren ausgerüsteten Busse waren ein Teil der Autarkie- und verkehrspolitischen Anstrengungen des Dritten Reiches.

Seite 45: Fordbus mit Einfüllstutzen des Imbert-Holzgasgenerator, oben: Von Kässbohrer umgerüsteter Opel-Blitz, unten: Kässbohrer Omnibuszug mit einem speziellen Spinradanhänger für einen Schwelkoksgenerator. Das erzeugte Gas wurde über eine spezielle Leitung zum Motor geführt. Der Zug war bei der Deutschen Reichsbahn im Einsatz.

lufttrocken und auf eine Stückgröße von etwa 8 cm Länge zerkleinert sein. Das Nachfüllen des Holzes konnte sowohl bei stillstehendem als auch bei laufendem Motor erfolgen und dauerte nur wenige Minuten. Zur besseren Ausnutzung des Gases wurde zweckmäßigerweise der Motor höher verdichtet und die Zündung entsprechend vorgestellt. Das Gas war klopffest.

Anders als beim Lkw ließen sich die Holzgeneratoren bei den Bussen nur schwer in die Karosserie integrieren. Bei den Lkw brachte man sie meist mittels eines Aufsatzes auf dem Führerhaus unter, beim Bus gab es diese Lösung nicht. Es wurden bei Busneubauten gleich Spezialkarosserien für Holzgasantrieb gebaut, die mit ihrer stromlinienförmigen Blechhaut recht gut harmonierten. Nach dem Kriegsende fuhren noch einige Jahre Busse mit Holzgas, um den Verkehr wieder in Gang zu bringen. Nachdem der Ölhahn jedoch erneut aufgedreht werden konnte, verschwanden die Holzvergaser in Windeseile.

Geschient: Schie-Stra-Busse

Ein Omnibus auf Eisenbahnschienen? Es gab sie tatsächlich – die Schienen-Straßen-Busse. Der Umbau der Fahrzeuge vom Kopfsteinpflaster- zum Eisenstrangbetrieb setzte zwar viel Improvisationsvermögen voraus, wurde jedoch besonders in Vorkriegszeiten ohne allzu großen Aufwand verwirklicht: durch Montage von Spurkranzrädern bzw. Spurscheiben. Oft rüsteten die Bahnbehörden die ansonsten herkömmlichen Busse zusätzlich noch mit Puffern aus. Die Sächsische Staatsbahn setzte schon in wilhelminischer Zeit einen Schienenbus ein. Es handelt sich um einen gewöhnlichen Straßenbus der Fa. Nacke, Cosswig mit dem amtlichen Kennzeichen II-9015. Das Fahrzeug hatte Platz für 18 Personen, besaß die bahntypischen Signaleinrichtungen sowie Druckluftpfeife und Warnglocke. Nachdem die herkömmlichen Omnibusse immer standfester wurden, traf man sie schnell in einer größeren Zahl auf der Schiene an. Sie waren billiger und flexibler als die schweren Dampflokomotiven einzusetzen, letztlich aber schafften sie nicht die gleichen Laufleistungen.

Berliner Doppeldeckerbusse verkehrten zur Zeit der Wirtschaftskrise Anfang der dreißiger Jahre als Kleinbahnen in der Altmark. Die Kleinbahn-AG Gardelegen-Neuhaldensleben-Weferlingen hatte ein halbes Dutzend ausrangierte »große Gelbe« der ABoAG erworben (Marke NAG) und versah sie mit Schienenrädern, linksseitigem Ein- und Ausstieg sowie einer Gepäckplattform. Ein Vehikel wurde 1938 sogar mit einer Holzvergaseranlage auf »nationalen Treibstoff« umgerüstet. Die Doppeldeckerbusse verkehrten bis ca. 1940 als Bimmelbahn nahe Magdeburg.

Sylt-Urlaubern ist sicherlich noch der »Dünen-Expreß« der Sylter Eisenbahn ein Begriff. Es handelte sich um Borgward-Sattelschlepper mit einem speziellen Aufleger für die Fahrgäste. Die Fahrzeuge wurden Anfang der siebziger Jahre verschrottet, sieht man von einem unrestaurierten Exemplar im Straßenbahnmuseum Hannover ab.

Im November 1954 eröffnete die Deutsche Bundesbahn ihren ersten Schienen-Straßen-Omnibus-Verkehr. Bei den eingesetzten Fahrzeugen handelte es sich jedoch um komplizierte, für diese Aufgabenstellung speziell umgerüstete Zweiwegefahrzeuge! Das heißt, die Schie-Stra-Busse der DB konnten sowohl auf der Straße als auch auf Gleisen verkehren. Geliefert wurden die Fahrzeuge von Faun, Krauss-Maffei, Kaelble und vor allem von NWF. Schie-Stra-Busse konnten auf Schiene und Straße gefahren werden, ohne irgendwelche Hilfsmittel an den Übergangsstellen von der Schiene zur Straße oder umgekehrt zu benötigen. Der Schie-Stra-Bus von NWF

unterschied sich gegenüber dem gleichen Fahrzeugtyp, der für den Straßenbetrieb geliefert wurde, auch in einer Verstärkung des gesamten Wagengerippes, da dieses im rauhen Bahnalltag besonders stark beansprucht wurde. Was die Schienenachsaggregate betrifft, so handelte es sich bei den in Leichtbauweise hergestellten Schienenrädern um sogenannte Losräder. Diese liefen lose auf der feststehenden Achse und waren klappbar an dem hohlen Achskörper angelenkt. Sie wurden durch in diese eingebaute Öldruckzylinder betätigt. Die richtig erreichte und automatisch verriegelte Endstellung wurde dem Fahrer durch Kontrollampen auf der Schalttafel angezeigt.

Jede Schienenradachse war über zwei Metallgummi-Federpakete an zwei Auslegerarmen befestigt, die ebenfalls durch Öldruckzylinder und Kniehebelgelenke gehoben und gesenkt wurden. Auch hier erfolgte die Endstellungsanzeige über Kontrollampen. Die erforderliche Druckenergie lieferte eine elektrische Ölpumpe, wie sie im Prinzip von den hydraulischen Kipperanlagen der Lkws be-

Schon in wilhelminischer Zeit wurden normale Omnibusse für den Schienenverkehr umgerüstet, in der Regel durch Montage von Spurscheiben und Spurkranzrädern. In wirtschaftlichen Notzeiten traf man derlei Fahrzeuge öfter an. Selbst ausrangierte Berliner Doppeldeckerbusse feierten ihr Comback auf einer Kleinbahnstrecke bei Magdeburg Anfang der dreißiger Jahre. Sowohl auf der Schiene als auch auf der Straße konnte die sogenannten Schie-Stra-Busse verkehren, welche die Bundesbahn in den fünfziger Jahren orderte.

kannt ist. Die gewünschten Bewegungen der Schienenaggregate wurden durch einen einzigen Schalter gesteuert. Jedes Schienenrad besaß übrigens eine druckluftbetätigte Innenbackenbremse, die natürlich nur bei Schienenfahrt benutzt werden konnte. Beim Umsatzmanöver legten sich die Spurkränze der Schienenräder genau in die Spur ein. Das ganze Umsetzen dauerte wenige Minuten. Bei den NWF-Bussen handelte es sich um rahmenlose, selbsttragende Busaufbauten, deren Bauweise dem Flugzeugbau entlehnt war. Konstrukteur des NWF-Busses war der Hubschrauber-Pionier und Flugzeugkonstrukteur Professor Heinrich Focke; die aerodynamisch gestylte Linie des NWF-Busses stammte von dem ehemaligen Marinemaler Walter Zeeden (Garmisch). Die Presse schrieb über den ersten NWF-Schie-Stra-Bus: »Ein ganz normaler Omnibus – zumindest fällt beim ersten Hinsehen nichts besonderes auf – fährt am Bahnhof vor und hält »zufällig« genau über einem dort vorbeiführen-

Der Stern (7. Nov. 1954) schrieb zur Eröffnung des Schie-Stra-Busverkehrs zwischen Koblenz und Betzdorf:
»Die Bundesbahn schient um. Für die Bundesbahn ist die Rivalität zwischen Schiene und Straße beendet. Wo die Straße für die Busse zu eng wird, erfand die Bundesbahn den »Umsteiger«. Sie verlegt den Omnibus einfach vom Straßenpflaster auf die Schienen. Nicht die Fahrgäste trifft es, der Bundesbahnbus selbst steigt um. Wo das Pflaster endet und der Schienenstrang beginnt, wird der Bus mit hydraulischer Kraft auf Schienen gesetzt. Die Fahrgäste brauchen nicht mal auszusteigen.«

Seite 47: Bus auf den Schienen der Königlich Sächsischen Staatsbahnen im Jahre 1913. Oben: Straßen-Schienen-Omnibus der Nordwestdeutschen Fahrzeugwerke Wilhelmshaven. Seine Betriebsgeschwindigkeit betrug 60-90 km/h. Seite 49 oben: Straßen-Schienen-Omnibus von Krauss-Maffei. Unten: Dünen-Express auf Sylt. Bis in die siebziger Jahre waren die Borgward-Sattelschlepper im Einsatz.

den Schienenstrang. Die Fahrgäste steigen aus und ein, und wir entdecken jetzt die kaum unter dem Wagen hervorschauenden Schienenräder. Diese klappen plötzlich herunter, zuerst hinten und dann vorn, fast wie bei einem modernen Flugzeug. Und nun ist der Omnibus ein Triebwagen geworden. An Stelle des melodischen Horns (...) ertönt der von der Eisenbahn her bekannte Doppelpfiff und mit dem vorschriftsmäßigen Geläut fährt unser Omnibus als Schienenfahrzeug auf der Bahnstrecke weiter.«

Für die bahnseitige Entwicklung der Schie-Stra-Busse bei NWF waren folgende Umstände richtungsweisend: Eine ganze Anzahl Nebenstrecken der Bundesbahn fanden bis dato ihre Fortsetzung in einer Omnibusstrecke, um auch abseits gelegene Ortschaften dem Verkehrsnetz anzuschließen. Dafür war es jedoch erforderlich, auf der Gleisstrecke einen Triebwagen mit dem betriebstechnisch notwendigen Personal bereitzustellen. Für den Straßenabschnitt mußte außerdem ein Omnibus mit Fahrer und Schaffner zur Verfügung stehen. Hinzu kam für die Fahrgäste die Unbequemlichkeit des Umsteigens. Durch den Einsatz des Schi-Stra-Busses fielen diese Nachteile fort.

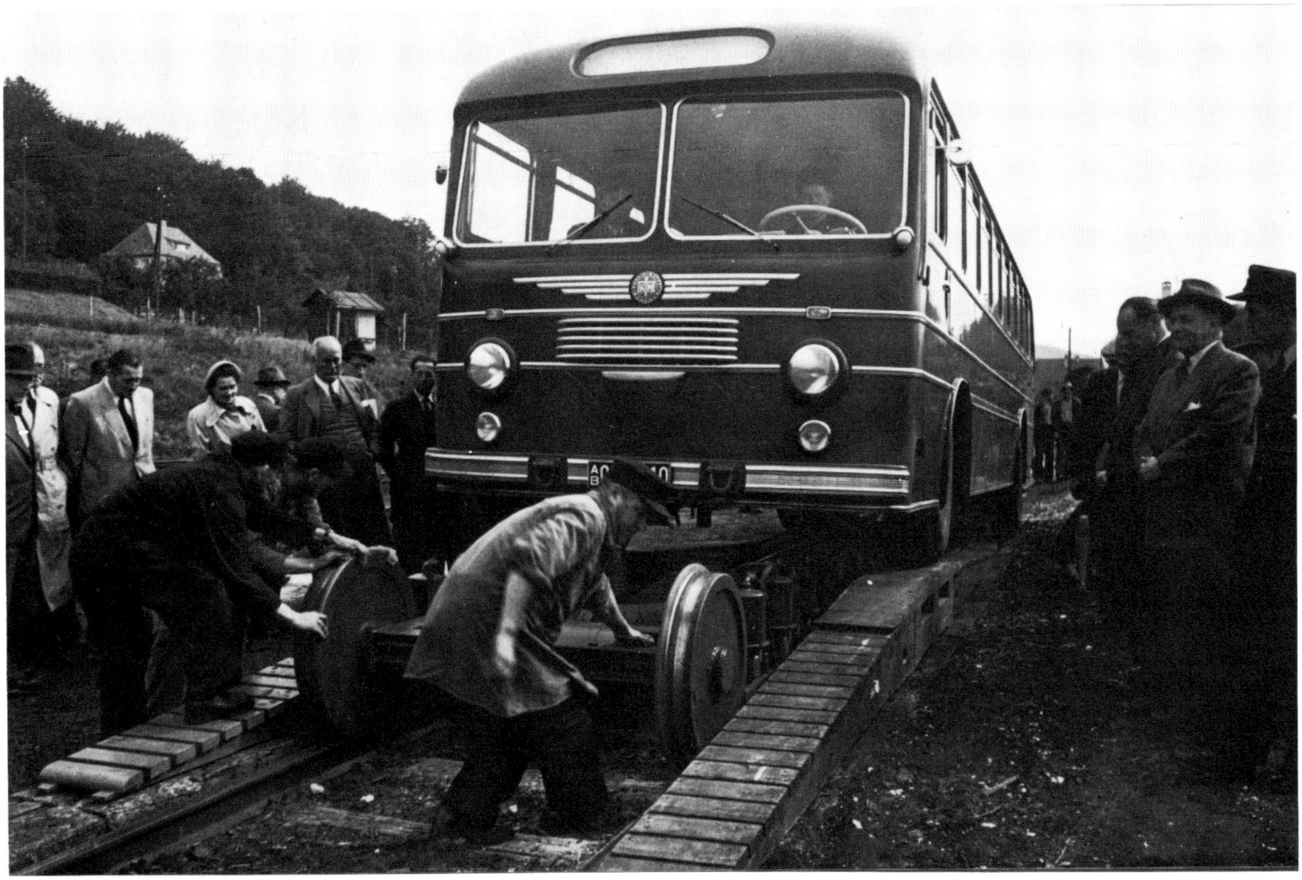

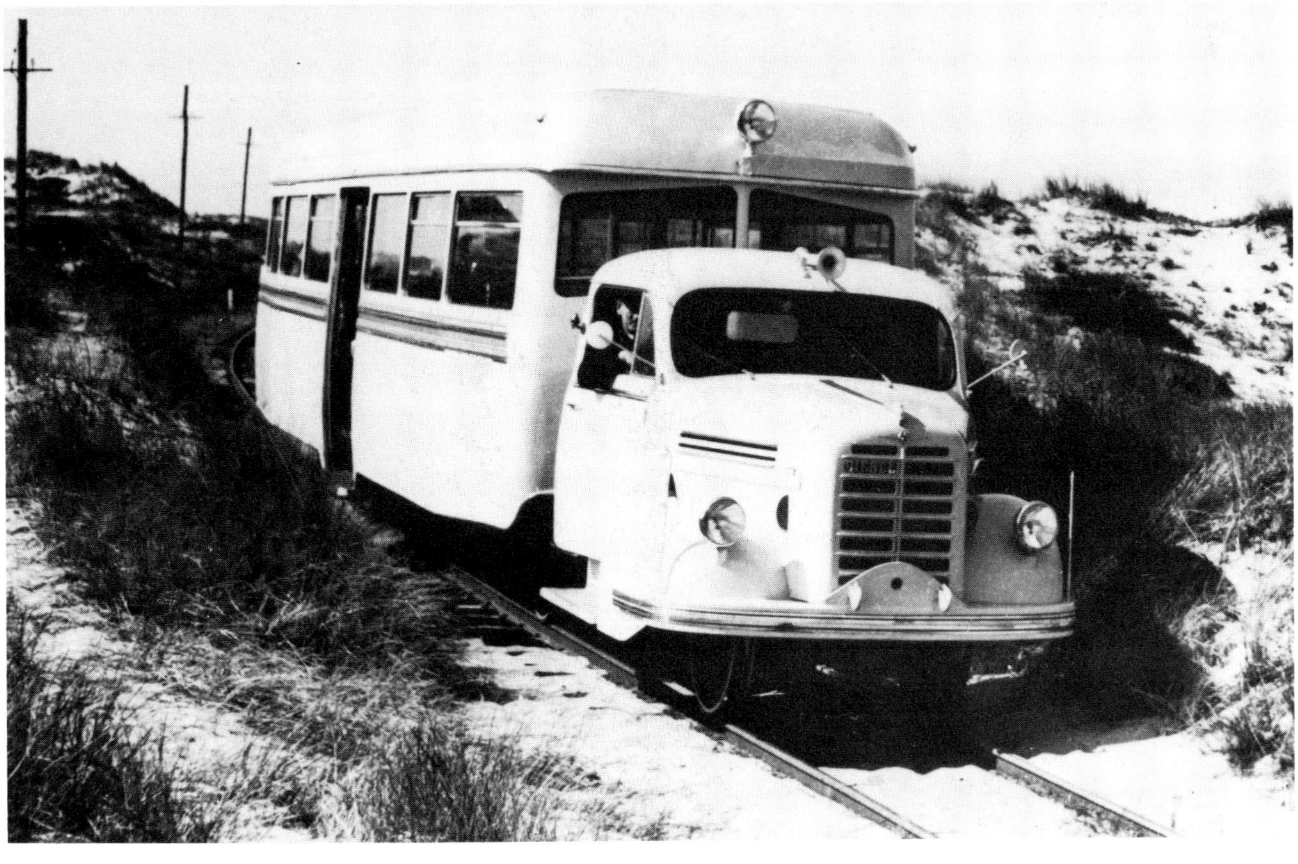

Nahverkehr

Die markanten Doppeldeckerbusse der Berliner Verkehrsbetriebe sind längst zu einem Markenzeichen der Spreemetropole geworden. Sie gehören zu Berlin wie der Funkturm und das Café Kranzler, Zillemilieu und die Avus. Wie sich dieses öffentliche Verkehrsmittel von seinen Anfängen bis heute entwickelte, darüber berichtet das nachfolgende Kapitel.

NAG-Busse der »Neuen Automobil Gesellschaft mbH«
Seite 51: Dreiachsiger Doppeldecker-Schnauzer der BVG im Jahre 1951.

Bus in Berlin: Doppelt gedeckt fährt besser

»*Das neue Verkehrsmittel bewährte sich tadellos*«, meldete am 20. November 1905 der »Berliner Lokalanzeiger« und sparte nicht mit Lob über die geglückte Premiere des Automobil-Omnibusses, welche an einem Sonntag erfolgte: »*Entgegen allen Befürchtungen blieb die Steuerung auf der schlüpfrigen Straße vollständig sicher.*« Dabei hatte es zunächst gar nicht danach ausgesehen, daß die Inbetriebnahme der zwei von der Daimler-Motorengesellschaft in Berlin-Marienfelde gelieferten Omnibusse unter einem guten Stern stehen würden: Gleich bei der Abfahrt des ersten Wagens vom Betriebshof wurde infolge der noch recht rauhen Fahrtechnik eine Scheibe zerstoßen und löste ein Mitarbeiter der »Allgemeinen Berliner Omnibus-Aktien-Gesellschaft« eine Explosion aus, als er mit einem Streichholz in den Benzintank leuchtete. Bei einem Pferdeomnibus wäre das nicht passiert! Auch der zweite Wagen kam nicht gleich so recht in Fahrt. Er wurde derartig gestürmt, daß er am Halleschen Tor mit einer Panne liegen blieb. Dann aber ging alles glatt — und die Berliner waren begeistert!

Die neuen Wagen liefen sich in den folgenden Wochen schnell ein, besonders nachdem der erste Ansturm der Neugierigen sich etwas gelegt hatte. Die Zahl der Kraftomnibusse stieg stetig an — von fünf im Jahre 1905 über 162 im Jahre 1910 auf 336 im Jahre 1914. Gleichzeitig kam die Entwicklung des Pferdeomnibusses zum Stillstand; sein Schicksal war besiegelt.

Jahrzehntelang gehörten schwere Gäule, meist Dänen und Belgier, zum normalen Straßenbild auf Tauentzien und Kurfürstendamm. Sie wurden einspännig vor einstöckigen Wagen für 16 Personen und zweispännig vor 30-plätzigen (Decksitz-)Wagen verwandt. Seit 1905 wurden die kleineren Wagen (auf 19 Plätze geändert) und 21-plätzige neue Wagen mit leichten Dänen und Russen zweispännig gefahren. Im Jahre 1907 wurde ein größerer Versuch mit Ungarn-Pferden gemacht, die sich jedoch schnell für den Omnibusverkehr als zu temperamentvoll und nervös erwiesen, so daß sie schließlich nur noch auf ruhigen Außenlinien verwandt

Oben: Offener Doppeldecker der BVG im Jahre 1914 in der Skalitzer Straße im heutigen Berliner Bezirk Kreuzberg.

werden konnten. Nachdem Versuche mit Pferden aus polnischer und ostpreußischer Zucht ebenfalls unergiebig waren, fand die Allgemeine Berliner Omnibus-AG (ABOAG) im Innern Rußlands die richtige Pferderasse. Diese Gäule kosteten 500 bis 600 Mark und brachten beim Ausscheiden in der Versteigerung etwa 200 Mark. Von 1911 ab wurden auch Maultiere verwandt, die sich zwar im ganzen gut bewährten, aber zu teuer waren. In den besten Zeiten des Pferdebetriebes besaß die ABOAG über 5.000 Pferde. Recht schnell aber setzte sich im Zeitalter des Benzinmotors die Einsicht durch, welch große Vorteile die »eisernen Pferde« gegenüber dem Hafermotor aufwiesen. Das Pferd war schwach, leicht zerbrechlich, unausbesserbar und oft nur schwer kontrollierbar. Anders der Kraftomnibus. Seine Motoren, die Reifen, die Bremsen, die Zündung oder das Getriebe wurden immer haltbarer und vollkommener.

Natürlich hatte es zu Anfang Schwierigkeiten gegeben. Die von den Automobilfabriken gelieferten Wagen waren schließlich aus dem Lastwagenbau hervorgegangen und den besonderen Bedingungen und Bedürfnissen des Omnibusverkehrs wenig oder gar nicht angepaßt gewesen. Deswegen hatte die ABOAG bereits 1911 den Eigenbau von Karosserien in der »Zentralwerkstatt« (Köpenicker Straße)

aufgenommen und entschloß sich 1913 auch zur Aufnahme des Eigenbaus von Fahrgestellen in der »Hauptwerkstatt« (Jasmunder Straße). Zunächst wurden 10 Wagen gebaut. Die Fahrgestelle hatten stahlblech-armierte Eschenholzrahmen. Die Karosserien waren nach dem von der Zentralwerkstatt entwickelten Spantensystem aus dampfgebogenem Eschenholz geformt. Diese zehn sogenannten RK-Wagen bewährten sich recht ordentlich im Betrieb und absolvierten trotz der schwierigen Verhältnisse und ständiger Überlastungen in der Kriegs- und Inflationszeit sämtlich mehr als 300.000 km, teilweise über 400.000 km. Einer befand sich noch 1928 im Betrieb.

Mitte 1914 besaß die Verkehrsgesellschaft 4.434 Pferde, 520 Pferdeomnibusse und 336 Kraftomnibusse. Der Personalbestand betrug 3.663 Mitarbeiter. Der Ausbruch des Ersten Weltkriegs im August 1914 brachte die Aufwärtsentwicklung in der städtischen Personenbeförderung vorläufig durcheinander. Während die Hochbahn und Straßenbahn wegen ihrer Schienengebundenheit von Zugriffen der Heeresverwaltung verschont blieben, wurden die Kraftomnibusse und Pferde fast allesamt requiriert. Kein Pferd und kein Wagen kehrte an die Spree zurück.

Nach dem Krieg begann 1919 ein mühseliger

Wiederaufbau der Omnibusverbindungen. Wegen der gedrückten Finanzlage der Inflationszeit wurde der Fuhrpark mit Petroleum und Gasöl betrieben. Die Verwendung dieser Brennstoffe mußte später wegens des beißenden Geruchs der Abgase wieder aufgegeben werden. Außerdem bestand bei dem unvermeidlichen Zusammenkommen der Sauggas- und Benzinwagen auf dem Betriebshof eine ernste Feuergefahr. Eingehend wurde im übrigen die Einführung von Elektroomnibussen erwogen. Mit der Energie aus dem Stromnetz hatte man schon einmal Erfahrungen sammeln können, nämlich 1897, als in Zusammenarbeit mit der Union-Elektrizitätsgesellschaft und der Gülcher-Akkumulatorenfabrik in den Werkstätten der Omnibusgesellschaft ein großer Pferdeomnibus auf Akkumulatorenbetrieb umgebaut worden war. Die erste Probefahrt fand am 25. Mai 1898 statt. Nach langen Versuchen und vielen Änderungen wurde am 13. März 1900 der fahrplanmäßige Probebetrieb auf der Linie Anhalter Bahnhof – Stettiner Bahnhof eröffnet. Vielfache Störungen nötigten aber Ende des gleichen Jahres zu einer Einstellung.

Die Rückkehr zum Stromauto war eine Folge der Inflationsverhältnisse Anfang der zwanziger Jahre, als die Verschiebung der Benzin- und Kohlenpreise dem Elektrowagen wieder ökonomisch sinnvoll erscheinen ließ. Er fuhr mit Energie, welche mit heimischer Kohle gewonnen werden konnte. Der völlige Zusammenbruch der Papiermarkwährung brachte 1923 einen schweren Rückschlag. Materialpreise und Löhne stiegen ins Bodenlose, ganz abgesehen von dem schon erwähnten »Mitgehen der Benzinpreise mit dem Dollar«. Hinzu kam, daß die zunehmende Verarmung allmählich einen großen Teil der Bevölkerung an der Benutzung von Verkehrsmitteln überhaupt hinderte, denn zum Schluß kostete in Berlin eine einfache Teilstreckenfahrt 150 Milliarden Papiermark!

Erst mit der Stabilisierung der Währung im November 1923 konnte die ABOAG wieder an einen Ausbau ihres Fuhrparks denken. Gemeinsam mit den beiden Hauptlieferanten, der Nationalen Automobil-Gesellschaft in Berlin-Oberschöneweide und der Büssing AG in Braunschweig wurde ein neuer Omnibustyp entwickelt, gekennzeichnet durch Niederrahmen, Linkslenkung, seitlichen Einstieg und (meist) Überdachung des Oberdecks bei nur 4 m Gesamthöhe. Von diesem Typ befanden sich 1928 350 Omnibusse in Betrieb, zum Teil mit Sechszylindermotoren. Hinzu kamen 100 Dreiachserbusse mit einem Fassungsvermögen von insgesamt 74 Personen. Diese hatten Luftreifen und Knorr-Luftdruckbremsen. Zudem waren sie mit

Oben: Im September 1961, nach dem Bau der Berliner Mauer, bedient ein Setra-Bus der Kieler Verkehrs Betriebe die Berliner Linie 19. Dutzende bundesdeutsche Städte stellten als Ersatz für U-Bahn- und Buslinien, die durch den Ostsektor führten, leihweise Busse zur Verfügung.

Kieler Verkehrsaktiengesellschaft:
1865 datiert der Beginn der öffentlichen Personenbeförderung an der Förde, zunächst allerdings als Schiffslinienverkehr. Heute sind in Kiel die 198 Daimler-Benz-Busse der Typen O 305, O 305G und O 309 die Hauptträger des Personennahverkehrs. Die Gesellschaft beschäftigt 480 Fahrer und 18 Fahrerinnen. In der Kriegszeit 1942 wurde auch ein Oberleitungsverkehr aufgenommen, für den italienische Fiat- und Alfa Romeo-Busse vom Verbündeten geliefert wurden. Bis zur Einstellung des Obus-Verkehrs 1964 waren dann Kässbohrer-Aufbauten auf Henschel-Fahrgestellen im Einsatz.

Lichtmaschine, Anlasser, Frischluftheizung und Entlüftern versehen. Im Juli 1926 kaufte die Stadt die Hochbahn. Damit ging auch deren Paket Omnibus-Aktien an die Stadt über. Diese hatte damit die Herrschaft über sämtliche Nahverkehrsmittel erworben. Im Dezember 1928 erfolgte die Vereinigung von Straßenbahn, Autobus und Hoch- und Untergrundbahn zur »Berliner Verkehrs-Aktiengesellschaft (BVG)«, die am 1. Januar 1929 ihren Betrieb aufnahm. Das Aktienkapital betrug 400 Millionen Mark und befand sich ganz im Besitz der Stadt Berlin. Am 1. Januar 1938 wurde die Gesellschaft in einen Eigenbetrieb der Stadt Berlin mit der Bezeichnung »Berliner Verkehrs-Betriebe (BVG)« umgewandelt; diesen Status hat die BVG auch heute noch inne.

1929 verfügte die BVG über ein Netz von 35 Linien mit 338 km Linienlänge, 618 Fahrzeugen und rund 4.500 Mann Personal. Der Straßenbahnverkehr hatte zur gleichen Zeit erheblich mehr Umfang: die Straßenbahn umfaßte 89 Linien mit 634 km Strecken- und 1.600 km Linienlänge, mit rund 4.000 Trieb- und Beiwagen und 14.400 Mann Belegschaft! Das Streckennetz der BVG-Omnibusse wurde jedoch schon im ersten Betriebsjahr der BVG erheblich erweitert. 1929 kamen acht Stadt- und zwei die Stadtgrenze überschreitende Linien hinzu. Größter »Koloß« im BVG-Fuhrpark war der neue dreiachsige Doppeldeckerbus mit 75 Plätzen.

1930 setzte die BVG die ersten Busse mit Dieselmotor ein *(»Versuche zur Verwendung von Schweröl«)*. Am 24. Dezember 1933 fand die Inbetriebnahme der ersten Trolleybuslinie (Obus) in Berlin zwischen Staaken und Spandau statt. Während der Olympischen Spiele 1936 richtete die BVG zusätzliche Buslinien ein, die u.a. vom Bahnhof Zoo zum Olympischen Dorf bei Döberitz führten. Am 15. Mai 1938 übernahm die BVG als letzte von der Reichspost im Berliner Raum gefahrene Kraftpostlinie die Autobusverbindung S-Bahnhof Teltow-Ruhlsdorf. Der BVG-Fuhrpark umfaßte im gleichen Jahr 667 Autobusse (davon 485 doppelstöckig), von denen 163 mit Dieselmotoren ausgerüstet waren. Nach dem Beginn des Zweiten Weltkrieges wurde ein Teil des Autobusverkehrs auf Flüssiggas und Leucht-(Stadt-)Gas umgestellt. Insgesamt versuchte die BVG, die Personenbeförderung so stark wie möglich auf die Straßenbahn und U-Bahn zu verlegen. Beim Busverkehr kam es schnell durch Einberufungen der Fahrer und Schaffner zum Kriegsdienst zu Personalengpässen. Während man Busfahren als Männersache ansah, bedienten immer mehr Frauen die Straßenbahntriebwagen. Ende 1940 mußten von den vorhandenen 730 Omnibussen über 300 Wagen stillgelegt werden — es fehlte an Treibstoff und vor allem an Reifen! Dagegen wurde am 23. April 1942 das Obusnetz auf drei Linien erweitert. Die Trolleys bekamen fortan auch einen Anhänger. Anfang 1945 verkehrten die BVG-Busse in nur noch ganz eingeschränktem Maße — ihr Fahrbetrieb war auf 10 Prozent ihrer ursprünglichen Leistungen zusammengeschmolzen. Bei Kriegs

ende waren nur noch 18 Autobusse einsatzfähig.

Der Wiederaufbau des Berliner Omnibusverkehrs erfolgte unter schwierigen materiellen wie politischen Bedingungen. Am 1. August 1949 erfolgte die Spaltung der BVG in die BVG-Ost (6 Buslinien) und -West (10 Buslinien). Am 1. November führte die BVG in Berlin-Lichterfelde erstmals den »Einmannbetrieb« ein, bei dem der Fahrer gleichzeitig die Aufgabe des Kassierens übernahm. Wenig später kamen neue Doppeldeckerbusse mit Unterflurmotoren in Betrieb. Aus technischen Gründen mußte im April 1951 der während des Krieges eingeführte Obus-Anhängerverkehr wieder aufgegeben werden. Das »Mitlaufen« des Anhängers — das Spurhalten zum Triebwagen — war damals noch nicht befriedigend gelöst.

Die Serienfertigung neuer Doppeldeckerbusse nach dem Krieg begann erst wieder 1952. Den ersten Auftrag von der BVG über 14 dreiachsige Busse erhielt die Deutsche Waggonbau und Maschinenfabrik Berlin GmbH (DWM). Weitere Busaufbauten kamen von Gaubschat und Orenstein & Koppel. Mit den Jahren wurden die BVG-Busse ständig verbessert. Das hakelige Schaltgetriebe wurde durch eine Automatik ausgetauscht, die offenen Perron-Ein- und Ausstiege bekamen Türen. Bis 1965 hatten die Busse drei Türen, die aber zugunsten einer Einstiegstür vorn und in der Mitte aufgegeben wurden. 1974 wurde erstmals der Motor im Heck der Busse eingebaut, 1978 erhielten die über zehn Tonnen schweren Doppeldecker eine zusätzliche vordere Treppe. Kostenpunkt eines neuen DD-Busses anno 1986: rund 370.000 DM. Im Durchschnitt hält er 14 Jahre, bevor er seine letzte Fahrt in die Schrederanlagen antritt.

Nach dem Bau der Mauer mußte die BVG zahlreiche neue Omnibuslinien einrichten. Aufgrund des S-Bahnboykotts der Westberliner (die S-Bahn stand unter DDR-Verwaltung) stiegen immer mehr Bürger auf die »Großen Gelben« um, besonders auf der Strecke Zoo – Wannsee. Da die Kapazität des vorhandenen Autobusbestandes nicht ausreichte, sprangen kurzfristig Verkehrsbetriebe aus Westdeutschland mit 74 zusätzlichen Bussen (vom Reisebus bis zum »berlin-untypischen« Gelenkbus) ein. Außerdem wurde von der BVG Eindeckbusse des Typs »Büssing Präsident« geordert, die ein Fassungsvermögen von 113 Personen hatten.

Als Sonderverkehr wurde 1972 eine grenzüberschreitende Autobussonderlinie der BVG zwischen Bahnhof Wannsee und der Kontrollstelle Drewitz (DDR) eingerichtet, wo eine Anschlußmöglichkeit zu Linien des VEB Kraftverkehr Potsdam-Babelsberg besteht. Dieser Linienverkehr im Rahmen der Besuchsregelung wurde seitdem ständig beibehalten.

Berliner Verkehrsarbeiterstreik 1932

Nur wenige Streiks der Deutschen Arbeiter haben Spuren in den deutschen Geschichtsbüchern hinterlassen. Neben dem Generalstreik zur Niederwerfung des Kapp Putsches, der die junge Demokratie vor ihrem frühzeitigen Untergang bewahrte, ist es für die Zeit der Weimarer Republik vor allem der Streik der Berliner BVG-Arbeiter vom 3.-7. November 1932, wenn auch aus anderen Gründen. Am 3. November traten die ca. 22.000 Beschäftigten der Berliner Verkehrsbetriebe in den Ausstand und legten damit den Verkehr in der deutschen Hauptstadt nahezu still. Allein die S-Bahn, die der Reichsbahn unterstand hielt ihren Betrieb noch aufrecht. In einer Zeit, in der die allgemeine Motorisierung noch nicht sonderlich weit fortgeschritten war, waren die öffentlichen Verkehrsmittel der Lebensnerv der Stadt. Allein die BVG transportierte 1931 fast eine Milliarde Fahrgäste (U-Bahn 580 Mill., Straßenbahn 265 Mill., Omnibus 130 Mill.) Nicht nur der Verkehr, auch das sonstige wirtschaftliche Leben wurde stark beeinträchtigt. Der Streik der Verkehrsbetriebe war der Höhepunkt einer Streikwelle von ca. 1.100 Streiks im Herbst 1932. Sie richteten sich vor allem gegen die Regierung Papen, die mit Notverordnungen allgemeine Lohnsenkungen, Abbau der Wohlfahrtseinrichtungen und eine Aushöhlung des Tarifrechts betrieb. Laut Notverordnung durfte jeder Unternehmer mit beliebigen Begründungen den Tariflohn bis zu 20% unterschreiten. Im Zuge der Notverordnung versuchte auch die Leitung der BVG eine Lohnsenkung von 10-17 Pfennig gegenüber Fahrern, Schaffnern und Arbeitern durchzusetzen. Der »Gesamtverband der Arbeitnehmer der öffentlichen Betriebe und des Personen- und Warenverkehrs«, einer Teilgewerkschaft des ADGB, konnte diese Lohnsenkung zwar auf 2 Pfennig herunterhandeln. Die von ihm durchgeführte Urabstimmung über das Verhandlungsergebnis brachte aber eine mehrheitliche Ablehnung. Von den 21.902 Beschäftigten nahmen 18.537 an der Abstimmung teil. Für die Ablehnung und damit Streik stimmten 14.471 Beschäftigte. Während der Gesamtverband bei diesem Ergebnis davon ausging, daß das Quorum von einer 3/4 Mehrheit (= 16.426 Ablehnungen) der Beschäftigten für einen Streik nicht erreicht worden sei, organisierte die RGO, die der KPD nahestehende Gewerkschaft, den Streik, und traf damit die Verbitterung der BVG-Arbeiter über den Lohnabbau wohl eher als der ADGB. Die RGO ging in ihrer Begründung für den Streik davon aus, daß die 14.471 votierenden 78% der real Abstimmenden seien und das mithin das Quorum erreicht sei. Am Abend der Urabstimmung lehnten die Obleute der Gewerkschaft aufgrund ihrer Wertung den Streik ab. Eine Delegiertenkonferenz der BVG-Arbeiter hingegen beschloß den Streik und wählte eine 22-köpfige Streikleitung, in der sich auch 2 Mitglieder der NSBO, der NSDAP-Arbeiterorganisation befanden. Die Teilnahme der NSBO war, wie auch Goebbels in seinem Tagebuch schrieb, wahltaktischer Natur. Kurz vor den Wahlen am 6. November wollte man noch einmal Eindruck schinden und die Arbeiter für sich gewinnen. Goebbels: *»Viele bürgerliche Kreise werden durch unsere Teilnahme am Streik abgeschreckt. Das ist aber nicht das Entscheidende. Diese Kreise kann man später sehr leicht wiedergewinnen; hat man aber den Arbeiter einmal verloren, dann ist er auf immer verloren.«*

Für den ADGB und ebenso die SPD galt dieser Streik als illegal, als wilder Streik und er kanzelte den Streik als Wahlkampf der »Nazi's und Kozi's« ab. Ermuntert durch die Distanzierung des ADGB und der SPD ließ die Regierung Papen kräftig auf die Streikenden eindreschen. Über 2.000 Streikende wurden verhaftet und 3 Streikposten erschossen. Aufgrund dieser Repressionsmaßnahmen und nachdem der seit 1923 verbindliche staatliche Schlichter den Lohnabbau sanktioniert hatte, nahm die Hälfte der BVG-Arbeiter am 7. November die Arbeit wieder auf. Der Streik war gescheitert. In der Folge diente vor allem dieser Streik dazu, die angebliche Gleichheit von Kommunisten und Faschisten zu untermauern, auch, weil ein Streik im öffentlichen Nahverkehr weit mehr Aufmerksamkeit erregt und historische Erinnerung birgt, als Arbeitskämpfe in Fabriken an Stadträndern.

In Hamburg, wo die größte bundesdeutsche Busflotte im Einsatz ist, sind trotzdem U- und S-Bahnen der Hauptverkehrsträger. Die Hamburger sind gleichzeitig mit ihrer Tochterfirma FFG führend in der Entwicklung richtungsweisender Nahverkehrssysteme.

Bus in Hamburg: Schneller Zubringer

Pro Jahr benutzten knapp eine Viertelmilliarde Menschen die 190 Buslinien des Hamburger Verkehrsverbundes. Mit Stolz präsentiert das Unternehmen denn auch seinen Zahlenspiegel, der 1350 Fahrzeuge, eine Streckenlänge von 1.500 km und 2.401 Haltestellen ausweist.

Begonnen hatte der öffentliche Personennahverkehr in Hamburg im Jahre 1839 mit der Gründung der »Basson'schen Pferde-Omnibus-Gesellschaft«, die Linien ins damals dänische (!) Altona unterhielt. Die Geschäfte gingen prächtig und als ein Vierteljahrhundert später eine Pferdebahn zum Rathausmarkt neu eröffnet wure, zählten die »Conducteure« schon am ersten Sonntag 8.379 Fahrgäste. Der Andrang war so groß, daß die Polizei verstärkt werden mußte, um die fahrwütigen Hamburger zu besänftigen. Aber sonst ging es eher manierlich zu: Nur »ordentlich bekleidete Menschen« durften die neue Errungenschaft überhaupt frequentieren und selbstverständlich war es Damen nur gestattet, den unteren Teil des eingesetzten Doppelstockwagens zu benutzen, wäre doch den männlichen Mitreisenden ansonsten der Blick auf ein Stückchen Frauenbein gewährt gewesen.

Schon im Jahre 1879 aber neigte sich das Pferdezeitalter seinem Ende zu und die Moderne nahm ihren Beginn in Form des Dampflokbetriebes, im Volksmund »Plätteisen« genannt. Doch 18 Jahre später starb auch sie wieder den Fortschrittstod und

wurde durch die »Elektrische« ersetzt, die sich lange hielt und doch schon, wenige Jahre nachdem das neue Jahrhundert seinen Einzug gehalten hatte, Konkurrenz durch die Hoch- und Untergrundbahn erhielt. Über deren Eröffnung verkündete: der Hamburger »Correspondent« ziemlich lautmalerisch: »In gewaltigen Anspannungen legt sich der gleißende Leib der Hochbahnschienen über Hamburgs Straßen und Wasser, drängt sich hinunter in der Erde Dunkelheiten, ausgereckt zu fossiler Größe wie ein Nachkomme der Midgradschlange.« Weitgehend unbeachtet blieb dagegen die Anmeldung der ersten Kraftdroschke im Jahre 1906 durch die »Hamburger Elektrische Droschken AG«, eine als absonderliche Extravaganz verspottete Anschaffung, die ja doch nur Dandys und Flaneure anziehen würde — einen Menschenschlag also, der im prosperierenden Hamburg, das gerade zur Millionenstadt avanciert war, nicht übermäßig oft anzutreffen war. So dauerte es noch bis zum Jahre 1921, bis das jüngste Kind des Hamburger Verkehrsverbundes in Form einer Omnibuslinie geboren wurde. Die führte vollgummibereift und der »schönen Aussicht wegen doppelstöckig« von Schlump über Mundsburg zum Landwehr und eine Fahrkarte kostete nach der 62. Preiserhöhung seit dem Kriegsende 200 Millionen Mark. Ein stolzer Preis, der sich allerdings im Lauf der folgenden Jahre wieder stark reduzierte. Im Krieg wurde die Hälfte aller Hamburger Busse samt ihrer Fahrer sofort zur Wehrmacht abkommandiert und an Stelle der Männer wurden immer mehr Frauen dienstverpflichtet. Die aber zeigten sich alles andere als begeistert: »Der Arbeitsverdruß des weiblichen Personals war besonders stark. Die Krankheitsausfälle reichten bis 30 %. Deshalb beorderte man einfach 130 BDM-Mädchen und 251 Arbeitsmaiden vom Reichsarbeitsdienst als Schaffnerinnen.« Aber auch das konnte den Betrieb nicht in Schwung hal-

Büssing-Dreiachser der Hamburger Hochbahn mit 55 PS Mitte der zwanziger Jahre. Seite 57: Zwei Elektrische treffen sich (der Obus ist ein Büssing-Fabrikat).

ten. Der Treibstoffmangel zwang die Verkehrsbetrieb, auf Gas umzusteigen, was der Leistung doch arg abträglich war. Zudem verlangten dauernde Bombenangriffe rapide Linienverküzungen. Nach den Angriffen des Jahres 1944 kam es zur Einstellung des Betriebes, da die verbliebenen Omnibusse für den Krankentransport und zur Evakuierung obdachloser Hamburger gebraucht wurden.

Mit dem Neubeginn entwickelte sich schnell ein Doppelsystem von Stadt- und Schnellbussen. Die Stadtbusse fahren im allgemeinen von jeweiligen Wohngebieten zur nächsten Schnellbahn-Haltestelle und erfüllen damit eine Zubringerfunktion, stellen außerdem Quer- und Ringverbindungen in Außenbezirken her. Die Schnellbusse, die auf Durchmesserlinien von einem Außenbezirk durch die Innenstadt zu einem anderen Vorort fahren, bieten dagegen mit einem tariflichen Zuschlag einen ununterbrochenen Verkehr direkt in die City. Die erste dieser Linien wurde im Jahre 1955 eingerichtet, fuhr von Blankenese zum Hauptbahnhof und ist mittlerweile eine von acht dieser Schnellbuslinien. Der Kombination dieser verschiedenartigen Buslien im Verbund mit der U-Bahn fiel denn auch 1978 die letzte Straßenbahn zum Opfer. Der damalige Bürgermeister Klose dazu: »Wir haben ein gefühlsbetontes Verhältnis zur Straßenbahn. Doch Gefühl und Verstand geraten bisweilen in Widerstreit. Hin- und hergerissen zwischen Nostalgie und Kalkül verabschieden wir sie, die gute alte Straßenbahn.« Solch salbungsvolle Worte hat der Bus noch lange nicht zu erwarten. Man sehe sich da nur das Aufkommen eines einzigen Betriebshofes an, von dem es in Hamburg ein halbes Dutzend gibt, dem in der Wendemuthstraße: 83 Stadt-, 29 Schnell- und 28 Gelenkbusse stehen den 13 Fahrerinnen und 369 Fahrern zur Verfügung, um die 38 Linien mit täglich 1.875 Fahrten zu bedienen und 109.000 Fahrgäste 23.000 Kilometer weit zu transportieren. Nur zu verständlich, wenn gerade für die Koordinierung und Überwachung dieses komplexen Bussystemes viel Geld ausgegeben wird. Selbstverständlich ist die Funkausstattung der Stadtbusse, noch ausgefeilter die Überwachung der Schnellbusse, die an eine elektronische Datenverarbeitungsanlage gekoppelt sind und automatisch alle 40 Sekunden ihren Standort melden. Den sieben Gesellschaftern des Verkehrsverbundes geht es also nicht schlecht. Und dabei ist der eine von ihnen, die Hamburger Hochbahn AG, sowieso schon das größte Nahverkehrsunternehmen in der Bundesrepublik. Und das hat er zu einem Gutteil seinen Bussen zu verdanken.

Bus in München: Auch privat auf Linie

Der Kutscher Michael Zechmeister ging im Juni 1861 den gewagten Schritt von der Lohnarbeit zum freien Unternehmertum und meldete für seine beiden Stellwagen bei der Polizeidirektion die Konzession für eine »fahrplanmäßige Verkehrsverbindung« an. Zwei Jahre fuhren seine Pferdewagen, bis die Fahrgeldeinnahmen nicht mehr langten, um den Hafer zu bezahlen und den Mann dazu. Aber das Verdienst des rührigen Jungunternehmers war es immerhin, den Begriff »Stadtomnibus« in Bayerns Metropole eingeführt zu haben. Er gab nicht auf, nahm sechs Jahre später erneut den Betrieb auf, diesmal gleich mit drei Linien, was darauf hindeutet, daß er das Risiko nicht scheute — was sich letztlich sogar in klingender Münze auszahlte. Wenn auch nur, weil ein belgischer Ingenieur von König Ludwig II. die Erlaubnis erhielt, eine Pferdetrambahn zu errichten. Was dieser auch tat, allerdings nur unter der Voraussetzung, daß Zechmeister seinen »Omnibusbetrieb« Zug um Zug gegen Abfindung einstellte; vielleicht der erste Fall in der Omnibusgeschichte, wo das Nichtfahren von Bussen sich rentierte. Die »Münchener Neuesten Nachrichten« schrieben über das Ergebnis dieses Coups: »Vormittags zehn Uhr fand die feierliche Eröffnung der Münchener Tramway statt. Auf dem Promenadenplatz hatte sich eine speziell geladene Gesellschaft, bestehend aus dem Ersten Bürgermeister, dem kgl. Polizeidirektor, verschiedenen Mitgliedern der städtischen Kollegien, Beamten, Journalisten und Technikern eingefunden. Es rollten sieben mit sehr hübschen mutigen Pferden bespannte elegante Waggons heran, in welche sich die Versammlung verteilte.«

Die Trambahn war im wahrsten Sinne des Wortes das Pferd, auf welches die Honoratioren der Stadt setzten. Da war jeder Omnibusbetrieb lange Zeit zum Scheitern verurteilt. Dabei gab es Versuche genug. So wurde im Dezember 1897 der »Münchener Tramcar GmbH« die Betriebserlaubnis erteilt, allerdings unter der Auflage, daß der Busbetrieb nur als »vorteilhafte Ergänzung« zur Trambahn dienen dürfe. Ein auf diese Weise auf unrentable Nebenstrecken verbannter Linienbetrieb war natürlich von vornherein zum Scheitern verurteilt und wurde wenige Jahre später wegen zu hoher Verluste wieder eingestellt.

Auch die ersten Versuche mit echten Motorwagen verliefen sich in roten Zahlen. Die Fahrzeuge waren noch mit Speichenrädern und Vollgummibandagen, Blattfederung und Kettenantrieb für die Hinterachsen ausgestattet, was zu »Kinderkrankheiten« führte, die sich recht unangenehm auf den Fahrkomfort auswirkten. Erst im Jahre 1925 eröffneten dann Stadt- und Reichspost einen Linienbetrieb mit Postbussen, der nicht binnen kürzester Zeit in der

»Unrentierlichkeit« endete. Möglicherweise war das Datum glücklich gewählt, denn die Inflation hatte die Münchener Verkehrsbetriebe in den Jahren zuvor schwer gebeutelt. So mußten zwischen 1917 und 1923 die Tarife 67mal geändert werden, und ein Schaffner ging zum schlechten Ende hin mit einem Wochenlohn von 50.290.000.000.000 (50 Billionen, 290 Milliarden) Papiermark nach Hause. Da erschien möglicherweise der Bus als ein Lichtstreif in der Republik und der neu konzipierte Otto-Motor als Option auf eine lichtere Zukunft, in die die Busse auch rollten. Denn im Jahre 1930 wurden sie endlich akzeptierter Baustein eines immer komplexer werdenden Verkehrssystems. Der Einbruch kam natürlich wieder mit dem Krieg. Nachdem bereits ab 1941 der Linienbetrieb mangels Kraftstoffzuteilung schon erheblich reduziert werden mußte, war ab 1944 ein regulärer Betrieb undenkbar geworden. Stadtgasbusse und Busse mit Holzgeneratoren übernahmen den Dienst als »Notbuslinien«, allein noch assistiert von Feldbahnloren (!), im Volksmund »Pflockerlbahnen« genannt.

Mit dem Ende des Krieges wurden aber von den Besatzungstruppen selbst die Stadt- und Holzgaser beschlagnahmt. Das zwangsweise Ergebnis war die Vergabe eines Großteils der städtischen Linien an Privatunternehmen, die noch einige Omnibusse über die Bombenangriffe gerettet hatten. Diese »Auftragslinien« wurden zwar in den folgenden Jahren stetig bis auf wenige Linien reduziert, diese aber sind bis heute fester Bestandteil des städtischen Linienbusbetriebes geblieben.

Der Mangel an einsatzfähigen Fahrzeugen führte in den Nachkriegsjahren zu immer neuen Experimenten. So wurden etwa »Faun-Sattelschlepper« verwendet, und im Jahre 1948 nahm die erste O-Bahn-Linie, »Stangerlbus« getauft, ihren Betrieb auf. Bis 1966 sollte er ein vertrauter Anblick im Münchener Stadtbild bleiben, dann bereitete ihm, genau an seinem 18. Geburtstag und exakt 24 Stunden vor der

40 Millionen Kilometer legten die Münchener Busse im vergangenen Jahr zurück. Damit wurden fast siebenmal soviele Kilometer mit MAN-, Daimler-Benz-, Setra- und Neoplanbussen gefahren wie mit der U-Bahn. Auch in München wurden alle Stationen der Busgeschichte mitgemacht.

Seite 58: Büssing-Zweiachser der Hamburger Hochbahn wird im Kriegsjahr 1940 mit Leuchtgas betankt. Unten: Leuchtgas-Kofferaufbau. Oben: Der Omnibus 2 der Münchener Motorwagen-Gesellschaft im Jahre 1898.

Oben: Im Jahre 1940 werden in München als Ersatz von S-Bahn-linien auch 20 Doppeldecker in Dienst gestellt (im Bild ein Büssing). Seite 61: Obus von Rathgeber auf einem Krauss-Maffei-Fahrgestell.

geplanten Betriebseinstellung, ein Blitzschlag das krachende Ende.

Stetig steigende Zahlen machten denn auch bald den Einsatz größerer Fahrzeuge erforderlich. Da sich der Einsatz von Doppeldeckerbussen aufgrund vieler Unterfahrten auf nur wenige Strecken beschränkte und Busse mit Anhängern, die seit 1952 verwendet wurden, aus Sicherheitsgründen bald verboten wurden, stellten die Münchener Verkehrsbetriebe 1962 auf dreiachsige Gelenkbusse um. Sie sind denn auch ein wesentlicher Baustein des Omnibus-Baukastensystems, dessen sich heute bedient wird. Ihre Bedeutung ist vor allem während der Hauptverkehrszeit, auf Linien mit hohem Fahrgastaufkommen, zu sehen. Der Vorderwagen ist dabei ein Original des Normalbusses ohne Antrieb, der Hinterwagen ein Original des Normalbusses ohne Vorderbau und Vorderachse. Beide Wagen werden über einen Drehkranz konventioneller Bauart miteinander verbunden. So gelingt es, das Prinzip des Heckmotors mit seinen konstruktiven Vorteilen auch in einem Gelenkbus zu verwirklichen. Natürlich ist der Betrieb – wie überall – auf schaffnerlose Einmannbetriebe umgestellt, dies allerdings auf der Grundlage höchsten technischen know-hows. So regelt ein vollelektronisches Türautomatik-Steuergerät alle Signale vom Fahrgast, Fahrer und

den Überwachungsgeräten und betätigt die Fahrzeugtür automatisch. Türüberwachungselemente – wie Reflexionsschranken und elektronische Trittstufenschalter – sorgen dafür, daß die Fahrzeugtür solange offen bleibt, wie Fahrgäste hindurchgehen bzw. beim Zulaufen wieder öffnet, wenn ein Fahrgast in die sich schließende Tür tritt. Möglicherweise ist es da nur noch eine Frage der Zeit, bis auch der Fahrer überflüssig wird. Und in der Tat gibt es ja Experimente mit elektronisch gesteuerten Leitsystemen, die aus dieser Zukunftsmusik in absehbarer Zeit Omnibusrealität machen könnten. Bis heute jedenfalls sind die Omnibusse – trotz U- und S-Bahn – die tragenden Pfeiler des Münchner Nahverkehrssystems. Fast 40 Millionen Kilometer legten sie im letzten Jahr zurück – dagegen nehmen sich die knapp sechs Millionen U-Bahn-Kilometer regelrecht bescheiden aus. Selbstverständlich auch, daß sich die bundesdeutschen Bushersteller den Münchener Fuhrpark teilen: MAN (190 Normalbusse), Neoplan (17 Busse ab Winterfahrplan 1986), Setra (12 Gelenkbusse), noch einmal MAN (108 Gelenkbusse) und deren 59 von Daimler-Benz.

An der Weser, wo heute noch die Straßenbahn die tragende Säule des öffentlichen Nahverkehrs stellt, wurde Omnibusgeschichte geschrieben: »Bremer System« heißt in Fachkreisen das Prinzip, mit doppelt breiter Tür und gelber Entwertermaschine den Ein- und Ausstieg zu beschleunigen und den Schaffner zu ersetzen.

Busse an der Weser: Mit Bremer System

Bremens Geographie — geographisch gesehen ist die Stadt ein Schlauch — hat die sehr ehrgeizigen Pläne zum Ausbau eines Nahverkehrsnetzes nur sehr zögerlich gedeihen lassen. Denn während es in anderen Städten darum ging, die Wohndichte aufzulockern und die Bevölkerung gleichmäßiger »zu verteilen«, ergab sich hier auf längere Sicht die Aufgabe, weit verstreute Siedlungsteile untereinander zu verbinden. Das aber nahm natürlich Einfluß auf die Wirtschaftlichkeit, denn Bedienungsqualität ist in dünner besiedelten Räumen immer nur unter schlechteren Ertragsverhältnissen zu bewerkstelligen. So sah man neidisch hinüber nach Hamburg, wo schon 1864 eine Pferdebahn ihren Betrieb aufgenommen hatte, brauchte aber selbst noch mehr als ein Jahrzehnt, bis auch in Bremen die »Actiengesellschaft Pferdebahn« sich konstituierte. Immerhin: schon drei Tage nach ihrer Gründung konzessionierte der Senat das neue Unternehmen, und eine weitere Woche später begannen die Gleisarbeiten. Sie gerieten zu einer riesigen Schlamperei, denn die Verkehrsspekulanten der Pferdebahngesellschaft wollten unbedingt schon zu Pfingsten den Betrieb aufgenommen sehen.

Die Bremer stürmten denn auch fast die Abfahrtsstelle Herdentor, um sich einen Platz für die Spritztour ins Schwachhauser Land zu sichern, aber diesen Anforderungen war das Betriebsinventar schlicht-

weg nicht gewachsen, und schon eine Woche nach der glanzvollen Eröffnung mußte die Gesellschaft Plakate drucken, mit denen sie reumütig »dem geehrten Publikum zur Anzeige« brachte, daß »infolge eingetretener Wagenreparatur bis auf weiteres die Fahrten von Bremen nach Horn nicht halbstündlich, sondern stündlich stattfinden ...« Während so die Pferdebahn noch halbwegs vor der Stadt herumdümpelte, holte die Konkurrenz in Form des Kaufmannes Heinrich Alfes zum großen Schlag aus. Er legte nämlich ohne zu zögern die 200.000 Mark hin, die von der Stadt als Kosten für die Straßenbereinigung errechnet worden waren, um auch die Innenstadt schienenfähig zu machen. Diese neue Gesellschaft wurde fortan die »englische« genannt, und die Bürger der Stadt konnten sich an dem Preiskrieg erfreuen, den sich die beiden prosperierenden Gesellschaften lieferten.

Doch schon waren die Tage der Pferdebahnen gezählt, denn im Jahre 1890 ging — für diese Stadt wirklich ungewöhnlich wagemutig — zwischen Börse und Bürgerpark die erste elektrische Straßenbahn mit Oberleitung in Deutschland in Betrieb. Kein Wunder also, wenn sich »Prometheus«, die »Illustrierte Wochenschrift für Gewerbe, Industrie und Wissenschaft«, zu der Formulierung verstieg: »Auch in dieser Hinsicht erweist sich Bremen, wie in so vielen anderen auch, als eine »Vorstadt Amerikas«.« Eine richtungsweisende Tat war die Elektrifizierung allemal, und schon zwei Jahre nach dem Bau der ersten »Versuchsstrecke« war ein Gutteil des wachsenden Netzes an Oberleitungen angeschlossen. Die Investitionen lohnten sich, denn der öffentliche Nahverkehr war die Wachstumsbranche schlechthin. Allein zwischen 1876 und 1897 stieg die Zahl der in Bremen beförderten Personen von 250.000 auf fast 10 Millionen und die Fahrtenhäufigkeit pro Einwohner und Jahr von 3,4 auf 38,3.

Omnibus in Bremen

Es sollte aber noch über ein Vierteljahrhundert dauern, bis der Bus in Bremen für den Personenverkehr eingesetzt werden sollte. Zwar experimentierte die neugegründete BVG – Bremer Vorortbahnen GmbH – schon 1914 mit einem Oberleitungsbus, aber niemand weinte auch nur eine Träne, als dieses Unikum schon zwei Jahre später sang- und klanglos wieder verschwand. Erst 1924 wurde dann versucht, Nägel mit Köpfen zu machen — ein wenig spät. Horn – Oberneuland hieß die Strecke, auf der die ersten Busse entlangholperten, und das Gefährt war auf einem Hansa-Loyd-Lastwagenfahrgestell mit einem Kastenaufbau für 18 Sitzplätze montiert, dessen Fahrkomfort doch sehr zu wünschen übrig ließ. Die Fahrgäste wurden auf den Kopfsteinpflastern der Vorort- und Landstraßen noch derart durchgeschüttelt, daß viele von ihnen »seekrank« wurden und den Wagen an der nächsten Haltestelle fluchtartig verließen. Hinzu kam, daß viele der Fahrer

Seite 63 oben: Ein Henschel Sechszylinder-Benziner der Bremer Verkehrsgesellschaft, der 1940 auf Treibgas umgestellt wurde. Unten: Busflotille der Bremer Vorortbahnen in Oldenburg, wo zeitweise der Nahverkehr von den Bremern durchgeführt wurde. Im Vordergrund ein Büssing 100 PS, im Hintergrund Büssing-Busse mit 90 PS Benzinmotoren.

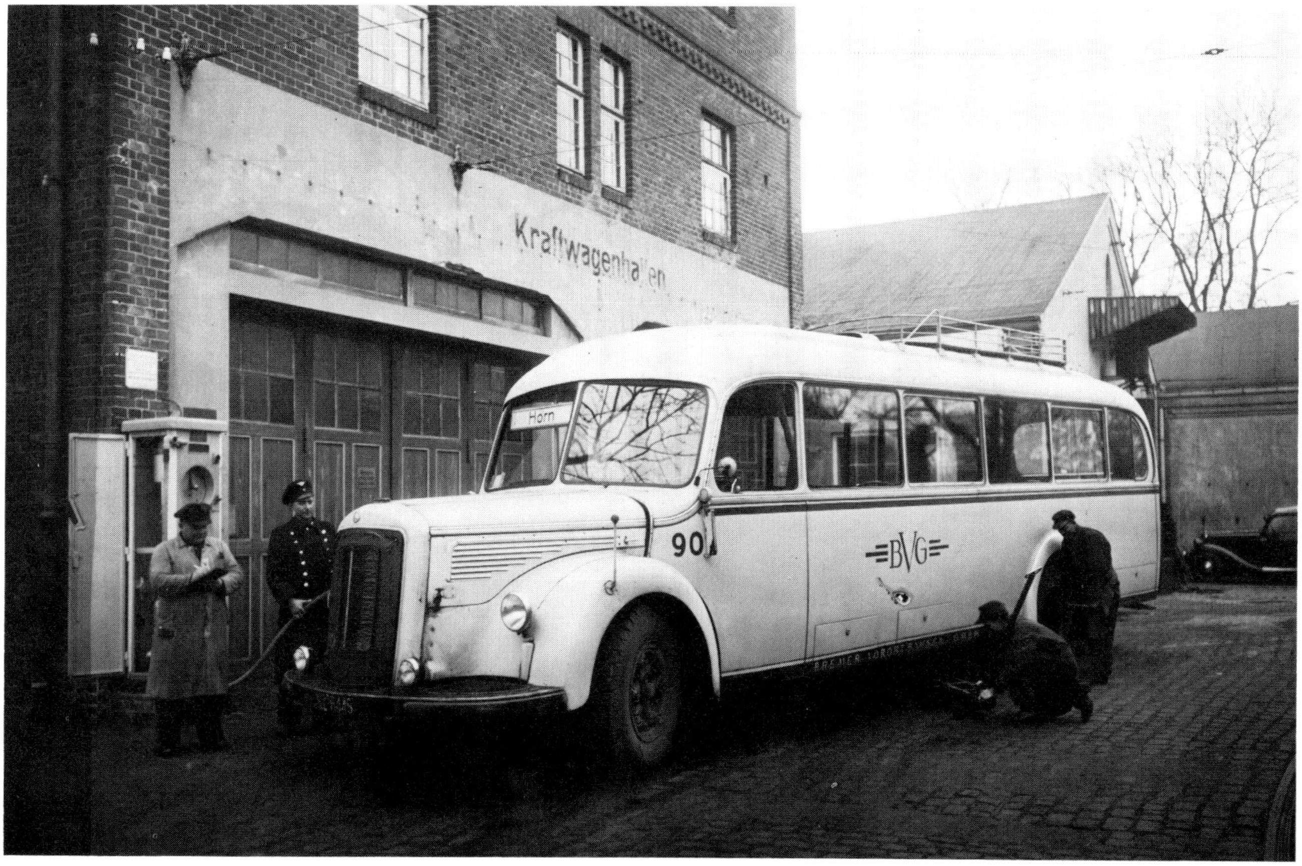
Kraftwagenhallen
Horn
90
BVG

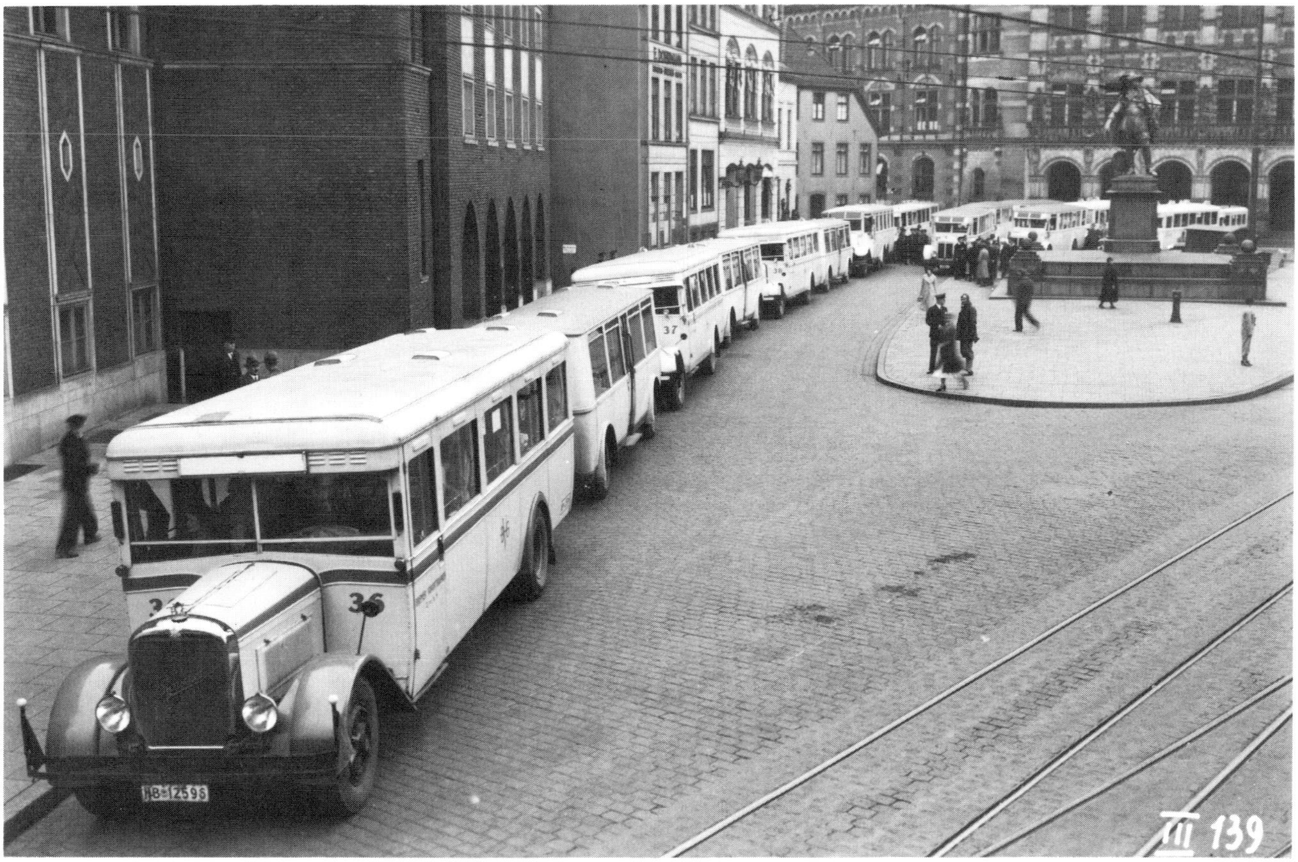
36
37
IB-12598
XII 139

Unten: Einer der ersten Trambusse
von Büssing. Mitte der dreißiger
Jahre in Bremen eingesetzt.

alles andere als automobilerfahren waren, kaum einer von ihnen über die titanischen Körperkräfte verfügte, die notwendig waren, um den Kampf mit Lenkrad und Pedalen ohne Servo-Unterstützung durchstehen zu können. In den wenigsten Fällen besaßen sie das technische know-how, um die häufigen Pannen auch nur einigermaßen souverän zu bewältigen. Um sich den Fahrkomfort jener Jahre auszumalen, seien die entwicklungsbedingten Nachteile des Omnibusses hinzuaddiert, der seinerzeit gegenüber den Straßenbahnen allein schon wegen seines geringen Fassungsvermögens, dem schlechten Wirkungsgrad seines Motors und dem größeren Rollwiderstand im Rückstand war.

Trotzdem war der Bus in zweierlei Hinsicht eine Option auf die Zukunft. Zum einen war die Trassenlegung in entfernte Randgebiete im Verhältnis zum Fahrgastaufkommen zu teuer. Zum anderen war der Bus spurunabhängig. Und gerade das wurde zunehmend wichtig, denn das sich sprunghaft verdichtende Liniennetz führte an immer mehr neuralgischen Knotenpunkten zu fast unlösbaren Problemen. So mußten etwa am Bremer Hauptbahnhof acht Linien dieselben Gleisstrecken benutzen, was insbesondere in den Hauptverkehrszeiten zu Zugabständen führte, die unter einer Minute lagen. Das löste, wenn es denn einmal zu einer Verspätung oder einem Ausfall kam, tumultuarische Stockungen aus.

So entwickelte sich bis zum Beginn des Krieges ein Omnibusnetz mit 19 Bussen, 47 km Streckennetz und einer Beförderungsleistung von etwa drei Millionen Menschen im Jahr, was wenig erscheint gegen die 60 Millionen Menschen, die die Straßenbahn nutzten. Aber die besetzte ja auch die Innenstadt, während die Busse mehr und mehr die Vororte und entlegene Stadtteile an das Zentrum anbanden. Dann kam der Krieg und mit ihm die schrittweise Zerstörung der in Jahrzehnten aufgebauten Infra-

struktur. Schon im Mai 1940 wurden die ersten Luftangriffe auf die Stadt geflogen, und im März 1942 stellte die erste Linie der Straßenbahn AG wegen Personalmangel ihren Betrieb ein. Noch im selben Jahr brach wegen wiederholter Luftangriffe der regelmäßige Fahrbetrieb immer wieder zusammen, und noch ein Jahr später stellte die BVG ihre Busse wegen Treibstoffmangel auf Stadtgas und bald darauf auf Holzgeneratoren um. Beim 132. Luftangriff auf die Stadt brannte das Hauptverwaltungsgebäude der Verkehrsbetriebe aus, wenig später dann der Betriebshof Haferkamp, die Wagenhalle Woltmershausen, die Werkstatt Buntentorsteinweg. Ab November 1944 ging dann nichts mehr: Der öffentliche Nahverkehr war so gut wie lahmgelegt.

Weiter mit System

Im Mai 1945 war der Wohnungsbestand zur Hälfte, die Industrie zum größten Teil vernichtet. Es gab keinen Weserübergang mehr, weil die beiden zentralen Brücken in den letzten Kriegstagen noch gesprengt worden waren, und der Hafen war durch 169 Wracks blockiert. Es gab weder Strom noch Gas, und selbst die Trinkwasserversorgung war nicht gesichert, weil die Leitung in den Harz an 600 Stellen beschädigt war. Für den Verkehr sah die Bilanz nicht besser aus: Hunderte von Straßen zerstört, 80% des Fahrleitungsnetzes ausgefallen, von den 50 Bussen und Anhängern, die noch 1943 im Einsatz waren, kaum mehr als ein Dutzend einsatzfähig. Trotzdem gelang binnen vier Wochen der Ansatz zu einem Neubeginn. Die erste wieder hergestellte Buslinie verkehrte zwischen Horn und Hauptbahnhof, wurde wenig später nach Lilienthal verlängert. Dann folgte die Linie von Woltmershausen zur Feuerwache Hohentor. Im Juni des Jahres 1945 wuchs das Streckennetz von 2,7 auf fast 30 Kilometer, und am Ende des Jahres waren schon 60% des Vorkriegsnetzes wieder betriebsbereit. Aber das Netz war anfällig. Ein Elektromotor war schlichtweg unersetzlich, die Osterholzer Omnibuslinie etwa mußte den Betrieb einstellen, weil ein Karosserieschaden nicht behebbar, eine andere Linie, weil für verschlissene Reifen kein Ersatz aufzutreiben war.

Erst nach der Währungsreform trat eine begrenzte Besserung ein. Zwar belief sich der Wagenpark der BVG auf ganze 17 Omnibusse und 11 Anhänger zuzüglich eines halben Dutzends angemieteter Fahrzeuge, aber man sah sich erstmals wieder zu Investitionen in der Lage. Und man formulierte schon zu dieser Zeit ein verkehrspolitisches Konzept, welches bis heute seine Gültigkeit nicht verloren hat: *»Für eine Stadt von der Größe und Ausdehnung Bremens, für die eine Hoch- oder Untergrundbahn wirtschaftlich nicht tragbar ist, wird der Nahverkehr, so wie dies heute der Fall ist, in erster Linie von der Straßenbahn getragen sein. Dies gilt insbesondere für die stark frequentierten, zwischen dem Stadtzentrum und den einzelnen Stadtteilen radial verlaufenden Linien. Der unmittelbare Verkehr zwischen den Stadtteilen, der nur geringen Umfang hat, wird der Bedienung durch periphere Obus- oder durch Autobuslinien vorbehalten bleiben.«*

Es dauerte allerdings noch bis zum Jahre 1965, bis der Omnibusfuhrpark dem der Straßenbahn AG an Größe gleichkam. Danach allerdings wuchs er rapide weiter an, aus zweierlei Gründen: Zum einen schossen im Wirtschaftswunderland neue Stadtteile wie Pilze aus dem Boden. Zum anderen machte in dieser Stadt eine simple doppelt breite Eingangstür Omnibusgeschichte und ging, zusammen mit einem kleine gelben Kasten, dem Entwerter, als »Bre-

mer System« in die Annalen des Personentransportwesens ein. Eine kleine Umbaumaßnahme machte den Schaffner überflüssig und reduzierte die Personalkosten für den Bus auf die des Fahrers.

Noch einmal schrieb Bremen Verkehrsgeschichte: Im Jahre 1968, als es über die Frage von Tariferhöhungen zu Auseinandersetzungen kam. Sie stellten an Öffentlichkeitswirksamkeit eine echte Variante zu den studentenbewegten Unruhen in Frankfurt und Berlin dar. Hier wurde das Prinzip der Blockade zur ersten Perfektion entwickelt, und in Bremen wurde erstmals der Wasserwerfer als Regulativ für gesellschaftliche Zwistigkeiten erfolgreich eingeführt. Der Streit endete mit der Rücknahme der Erhöhung. Und dem Konzept von Ausgleichszahlungen der Stadt an Bus- und Bahngesellschaft, um die Preise niedrig zu halten. Das Prinzip der Ausgleichzahlungen gibt es noch. Und es gibt mittlerweile in Bremen 319 Omnibusse für 41 Linien. Nur niedrige Tarife, die gibt es schon seit geraumer Zeit auch in Bremen nicht mehr.

Henschel-Obus Mitte der fünfziger Jahre auf dem Burgdamm in Bremen.

Bus-Bauer

Deutschlands Renommier-Autoschmiede ist auch der bundesdeutsche Marktführer in der Busproduktion, wenn die Stuttgarter auch den Ausbau heute anderen Firmen übergeben. Auch im Busbau pflegte Daimler-Benz lange Jahre die Firmenphilosophie abgeklärt konservativen Stylings und eines zurückhaltenden Einsatzes neuester technischer Lösungen und Erkenntnisse bei gewohnter Qualitätsarbeit: Die »Schnauzer« von Daimler-Benz waren bis weit in die sechziger Jahre eine Reminiszenz an vergangene Busepochen.

Daimler-Benz: Vom Pionier zum Marktführer

Stadtwerke Offenbach GmbH: Der öffentliche Personennahverkehr in Offenbach ist eng verzahnt mit dem der Nachbarstadt Frankfurt. Einige Straßenbahnen-, aber auch Buslinien werden gemeinsam betrieben. Die Stadtwerke Offenbach verfügen heute über 45 Daimler-Benz-Busse der Baureihe 0 305 und 0 305G und 19 MAN-Busse (SL 200 und GL 192). Der erste Bus wurde in der Lederstadt übrigens 1926 eingesetzt. Obusse der Fabrikate Daimler-Benz und Henschel gab es von 1951 bis 1972.

Carl Benz bot als frühen Bus einen geschlossenen Landauer an — zum Einsatz kam er als Hotelomnibus, um die Gäste zum Bahnhof transportieren zu können. Der Landauer aus dem Jahr 1895, ausgerüstet mit einem 5-PS-Motor, bot Raum für acht Fahrgäste und wurde als Überlandbus der ersten deutschen Buslinie zwischen Siegen und Deutz eingesetzt. Benz wurde so zum Buspionier. 1899 kam der »Break« hinzu, der im Einsatz für 6-12 Fahrgäste das ideale Fahrzeug für Sommerfrischler war.

Die Produktion der Benz-Busse basierte auf der Lkw-Linie, erlangte jedoch keine große Bedeutung, da der Schwerpunkt der Firma in der Herstellung von Pkws blieb. Erst als 1907 die Süddeutsche Automobilfabrik GmbH Gaggenau S.A.G. übernommen wurde, erweiterte sich das Programm. Jetzt gehörten zum Lieferprogramm von Benz auch Busse, die bis zu 44 Personen beförderten. Letzteres mittels

des Doppeldeckers »Berlin«, der wahlweise mit einem 28 oder 45 PS starken Motor ausgerüstet wurde. Benz-Busse wie Lkws aus dem Werk Gaggenau waren von solider Qualität, machten aber nicht durch Innovationen von sich reden, mit einer Ausnahme: der »Niederomnibus« von 1923/24, der einen tiefen Schwerpunkt besaß. Diesem Modell war zwar wenig Erfolg beschieden, seine Konstruktionsweise wurde aber richtungsweisend. Die Überlandbusse der Typen 2 CN a bzw. 2 CN b hatten einen Radstand von 5 bzw. 6 Metern. Versehen mit einem Vierzylinder erbrachten sie eine Leistung von 40 bzw. 50 PS, die für eine Reisegeschwindigkeit von 35 - 40 km/h gut waren. Das Platzangebot veränderte sich bis 1926 nicht. Auffällig war jedoch die Bauweise der Doppeldeckerbusse des Typs »Imperial« für Stadtbusse, wobei die auf dem Deck Sitzenden Rundumsicht hatten, wenn man auch bei Wind und Wetter im Freien saß.

Gottlieb Daimler entwickelte zusammen mit Maybach seit 1891 seinen ersten Lkw, der 1896 ausgeliefert werden konnte. Das erste Omnibusprogramm wurde sogleich mit mehreren Modellen begonnen. Die Gefährte mit Motoren von 4 bis 10 PS beförderten 6 bis 16 Personen. Die erste Omnibuslinie zwischen Künzelsau und Bad Mergentheim, die bei Daimler orderte, erwarb einen Bus für zehn zahlende Gäste. Wegen technischer Probleme mit der 10 PS-Maschine vor allem im Winter und des schlechten Straßenzustandes wegen wurde die Linie jedoch nach acht Monaten im Juli 1899 wieder eingestellt. Diese Erfahrungen brachten allerdings die technische Entwicklung des Viergang-Zahngetriebes hervor. Der 2-Zylinder-Motor leistete 8 PS. In der Folge wurden zahlreiche Buslinien eröffnet. Auch die Post setzte Motorwagen ein: der Durchbruch war geschafft. Bis 1914 wurden 350 Busse verkauft. Der Marktanteil für Daimler lag bei mehr als 43 %, der für Benz um 18 %. Die Daimler-Motoren-Gesellschaft D.M.G. hatte auch einen Bus mit Oberdeck im Programm, der bereits 1899 zum Einsatz kam. Die Leistung von 10 PS wurde durch einen Zweizylinder erreicht und mittels Ketten auf die Hinterräder angetrieben. Bis zur Fusion mit Benz wurden bei Daimler vor allem Busse mit im Vergleich zu Benz geringerem Sitzplatzangebot geschaffen, die vor allem im Überlandverkehr der Post zum Einsatz kamen.

Daimlers erfolgreiche Busproduktion fand Nachahmer. Der Aufsichtsratsvorsitzende der »D.M.G.«, Max von Duttenhofen, arbeitete nämlich insgeheim mit der Berliner Firma Altmann zusammen, indem er z.B. Konstruktionspläne kostenlos weitergab. Bei Altmann waren zu jener Zeit ca. 120 Arbeiter beschäftigt. 1897 wurde auf das Werksgelände Berlin-Marienfelde umgesiedelt. Die Fabrik trug fortan den Namen »Motor-Fahrzeug- und Motorenfabrik Berlin-Marienfelde«. Gefertigt wurden Motorwagen, die mit der Bezeichnung »System Daimler« oder »Daimler-Wagen« in direkter Konkurrenz zu Daimlers eigener Produktion standen. Ein guter Name zahlte sich schon immer aus. Nachdem Gottlieb Daimler am 6.3.1900 gestorben war, konnte es 1902 zu einer offiziellen Zusammenlegung der Werke kommen, wobei das Werk Marienfelde als Zweigniederlassung etabliert wurde. 1905 wurde die gesamte Nutzfahrzeug-Produktion in Marienfelde konzentriert, im Stammwerk (ab 1903 Untertürkheim) wurden ausschließlich die Personenkraftwagen hergestellt.

Ab 1910 wurde in Marienfelde ein schnelllaufender Dieselmotor produziert, der — wie bei allen schweren Daimler-Nutzfahrzeugen — einen Ritzelantrieb hatte. Diese Bauart wurde von 1897 traditionsbewußt bis 1926 beibehalten. Die Fortschritte im Automobilbau wurden jedoch zunächst von anderen Zulieferern bestimmt: mittlerweile gab es statt der schweren Reifen aus Eisen, Stahlguß oder Vollgummi die Luftreifen, die vor allem höhere Geschwindigkeiten erlaubten. Auf der anders gearteten Achse bzw. Felge hätte der große Innen-Zahnkranz nicht mehr montiert werden können. Innovation auch auf anderem Gebiet: Bereits 1912 wurde in Marienfelde ein Motor gebaut, dessen oberes und unteres Teil aus Aluminium bestand.

1926 war es dann soweit: »Daimler-Benz« wurde zu dem deutschen Markennamen. Zwei Namen, die fortan zusammengehörten, wie Coca + Cola. Nach der Fusion zu »Daimler-Benz« wurde 1926

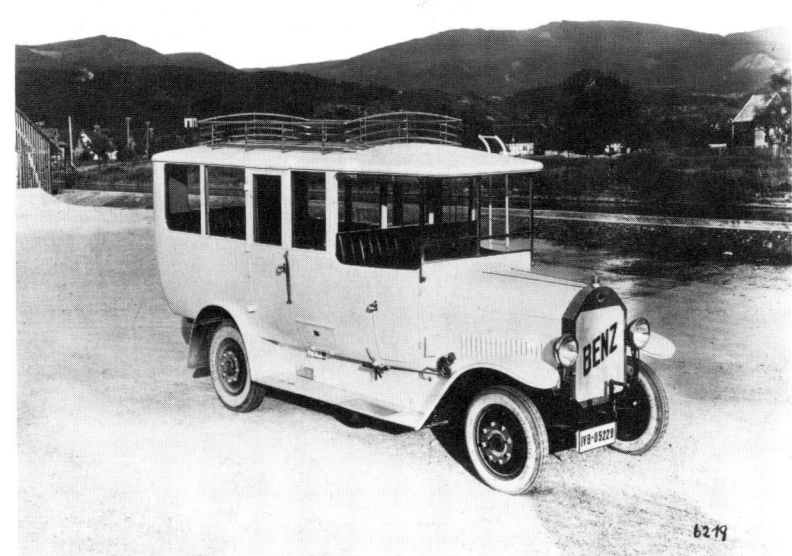

die gesamte Lkw- und Busproduktion im Werk Gaggenau konzentriert. Die Niederlassung Marienfelde wurde zum Reparaturwerk degradiert. Heute werden dort vor allem Motoren in ansehnlicher Stückzahl gebaut.

Arbeitsteilung

Das Aufgabensplitting in der neugegründeten Aktiengesellschaft führte dazu, daß in Sindelfingen die Karosserien und in Gaggenau die Fahrgestelle der Busse produziert wurden. 1929 konnte man auf der Automobilausstellung in Berlin einen 5-Tonner Lkw bestaunen, der als Chassis für die Busaufbauten benutzt wurde. Das war das schwerste Gerät, das

Seite 66: 1905 in Berlin-Marienfelde: Abnahme von Daimler-Bussen. Oben: Benz-Omnibusse Typ CN 30 / 35 PS, 4 Zylinder Vergasermotor, 4710 ccm, Sitzplätze 14-16 (ca. 1926). Unten: Benz-Gaggenau, Typ 2 CNB mit 50/55 PS-Motor, 8140 ccm.

im Programm war. Die Konstruktionslinie der Busse wurde von Benz übernommen.

Der Dieselmotor begann einen Siegeszug, an dem Daimler-Benz maßgeblich beteiligt war. Im Busbau setzte sich der Diesel zudem eher durch als bei den Lkws. 1931 stammten 90 % aller Diesel in Deutschland aus den Werkstätten mit dem schon bekannten Stern auf der Motorhaube. Es war dann der Typ L 2000, der eine neue Nutzfahrzeuggeneration einleitete. Er wurde ab 1932 produziert. Die Busproduktion wuchs mächtig, da die Neuerungen durch Niederrahmen und Luftreifen nun Standard wurden und komfortablere Fortbewegung ermöglichten. Um eine Vereinheitichung der Produktlinie zu erreichen, wurde jedoch der Niederrahmen dem bisherigen Bauprinzip angeglichen. Das nun verwandte Fahrgestell war ein Zwitter zwischen Nieder- und Hochrahmen. Auf dieselben Fahrgestelle wurden Aufbauten für die unterschiedlichsten Zwecke gesetzt. Trotz dieses konservativen Konzepts war Daimler-Benz im Busbau der Marktführer.

Bis Anfang der dreißiger Jahre hatte sich das Äußere der Busse nur unmerklich verändert. Mitte der dreißiger Jahre kam frischer Wind in die Karosserielinie. Daimler-Benz zeigte Stromlinienbusse des Typs Lo 3100, dessen 95 PS den 22 Fahrgästen einen Geschwindigkeitsrausch von 112 km pro Stunde zumuteten. Diese Busversion hatte ein aufklappbares Faltdach und ermöglichte gute Sicht, da auch in den Schrägen bis zum Dach Fenster eingelassen waren. Der Bus besaß eine flache Schnauze, wie auch andere Typen ohne Stromlinie sie in den Folgejahren bekamen. Auch ein Doppeldecker, der für die Berliner Verkehrsbetriebe, BVG, Dienst tat, schaute schon neuzeitlich aus; der Prototyp des 0 10000 BVG stammte noch von anno 1939.

Daimler-Benz war für Busse oft nur Lieferant des Fahrgestells, oder für eine andere Variante des Massentransports vorgesehen: Zugmaschinenlieferant. Den Typ L 6500 benutzte die quirlige Ulmer Firma Kässbohrer 1939, um einen 3-Achs-Sattelanhänger anzukoppeln: das hieß dann »Tatzelwurm«. In dem »Bus« hatten 170 Fahrgäste Platz. Platz war zwar auf dem Ulmer Marktplatz vor dem Münster (höchster Kirchturm der Welt), wo der Fotograf mit genügend Abstand den 18,7-m-Bus aufs Bild bekam, aber kaum in den engen Gassen. Der Tatzelwurm blieb ein Einzelgänger.

Noch mit langer Schnauze

Nach dem Zweiten Weltkrieg wurde zunächst nur noch ein mittlerer Bustyp angeboten, alles andere waren Großbusse. Den Verkauf von Bussen ließ man bei Daimler-Benz nur zögernd angehen. Das erste neuentwickelte Nachkriegsmodell war der 0 3500 aus dem Jahre 1950. Es war noch ein Haubenomnibus mit 6-Zylinder-Dieselmotor, dessen 4.580 ccm eine Leistung von 90 PS erbrachten. Als Reisebus fanden 29 oder 33 Fahrgäste in ihm Platz, als Stadtbus 45. Ebenfalls 1950 ging der 0 6600 in Serie,

Seite 68 oben: Schnellomnibus von Daimler-Benz auf dem Chassis des LO 3100. Unten: Mercedes-Benz Typ 0 3750 (1939–1939) in einer Karosserie von Vetter. Der Wagen besaß einen Sechszylinder, 100 PS und fuhr 75 Kilometer in der Stunde. Oben: Mercedes-Benz-Schnauzer vom Typ 0 5000. Dieser Bus mit einem Sechszylinder-Diesel, der bei 2250 U/min 112 PS entwickelte und 75 km/h in der Leistungsspitze fuhr, bot 39 bis 47 Sitzplätze.

Kölner Verkehrs-Betriebe AG: Bereits 1907 wurde in Köln der erste Bus zur Personenbeförderung eingesetzt. Noch heute sind in der Ford-Stadt Busse nicht die tragende Säule des Nahverkehrs. Dieser wird zum größten Teil von der Straßen- und Stadtbahn durchgeführt. Obwohl in Köln 198 Daimler-Benz-Busse eingesetzt werden, sind die 70 Standardlinienbusse II von Neoplan die Stützen des Fahrbetriebs. Daneben gibt es noch drei MAN-Busse. 771 Fahrer (und drei Fahrerinnen) sind seit 1968 ausschließlich im Einmannbetrieb eingesetzt. Im gleichen Jahr wurde der letzte Schaffner umgeschult.

Oben: Der Klassiker von Mercedes-Benz: Der Typ 0321, der von 1956 bis 1964 gebaut wurde (Sechszylinder, 110 PS, 80 km/h, 41 - 45 Sitzplätze). Im Bild eine Sonderausführung.

auch noch ein Haubenbus, dessen 6-Zylinder-Motor allerdings 145 PS hervorbrachte. In der Version als Stadtbus bot er Platz für 74 Passagiere.

Der Trend ging in der Busentwicklung zum Frontlenker. Nun lag auch bei Daimler-Benz der Motor quer hinter der Hinterachse, wodurch vorne Raum für den Fahrerplatz geschaffen wurde. Kunden, die schon früher unbedingt einen Frontlenker mit dem Stern hatten kaufen wollen, mußten das Fahrgestell umbauen lassen — bis sich Daimler-Benz endlich bequemte ein eigenes Frontlenkermodell anzubieten.

Im Frühjahr 1951 kam der 0 6600 H auf den Markt. Der 11 m lange Bus wurde mit einem ZF-Media-Getriebe ausgestattet, das elektrisch geschaltet wurde. Der 145-PS-Motor wurde quer hinter der Hinterachse montiert. Weitere Vorzüge waren die Stahl-Leichtbaukarosserie und gummigelagerte Stabilisatoren. Der Preis von 70.000 DM war allerdings stattlich. Den Markt beherrschte Daimler-Benz damit aber nicht allein. In Kässbohrer hatten sie einen innovationsfreudigen Konkurrenten. Und der konnte einen Bus in selbsttragender Bauweise anbieten, der sogleich Pluspunkte sammelte. Der 0 321 H — inzwischen selbstverständlich mit Front-

lenker — sollte Paroli bieten. Zusammen mit dem zwei Jahre später — 1956 — in Serie gehenden 0 321 HL, der noch geräumiger war, entwickelten sich diese Modelle zum Verkaufsschlager: bis 1964 wurden ca. 18.000 Stück verkauft. Der 0321 H bzw. HL veränderte sein Aussehen in den zehn Jahren seiner Produktion nur durch Vorgaben seines Einsatzgebietes. Eine Vielfalt von Varianten war möglich: als Reiseomnibus für 37 bzw. 45, als Stadtomnibus für 60 bzw. 75 Fahrgäste. Das werkseitige Styling war jedoch recht bieder ausgefallen. Nur gegen mächtigen Aufpreis waren überhaupt die inzwischen im »Wirtschaftswunder« obligatorischen Chromleisten als Verzierung zu erhalten. Die Aufbauten der Karosserieschmieden gerieten da schon schnittiger: sie zeigten verspielte Ornamente und Nierentisch-Applikationen auf dem Blech. Die Aufbau- und Einsatzmöglichkeiten reichten von Transporten für den Postdienst bis zu dem Verschieben von Gefangenen. Betrachtet man die ganze Daimler-Benz-Buspalette der fünfziger Jahre, so lassen sich auch seltener anzutreffende Varianten erspähen: Aus dem Grundstock eines 0 3500 ließ sich ein Konferenzbus zimmern, der mit Tischen ausgestattet war, an denen die Geschäftspartner im Rollen konferieren

konnten. Der aus dem OP 312 entwickelte LAP 312 aus dem Jahr 1958 war bei verringertem Radstand auf 3.600 mm mit einem Allradgetriebe versehen worden, was ihn besonders für Bergstrecken tauglich machte. So konnte das aufkommende Reisefieber der Deutschen gen Süden angenehm unterstützt werden.

In denen fünfziger Jahren war zeitweise die Tendenz zum Einsatz von elektrisch angetriebenen Motoren für die Busse im städtischen Nahverkehr eingetreten. Die Straßenbahn und die übelriechenden Diesel wurden zusehends verbannt und so erlebte der Oberleitungsbus — Obus — eine neue, kurze Blütezeit. Auch bei Daimler-Benz wollte man davon profitieren — wer wußte schon, wohin die Entwicklung ging. So wurde aus der Modellreihe 6600 H der Obus 6600 T entwickelt. Dem Absatz war jedoch nur kurzzeitig Erfolg beschieden. Zwar wurden in den Jahren von 1952 bis 1955 von diesem Typ 364 Stück verkauft. Jedoch nur zehn Daimler-Obusse kamen im Inlandverkehr zum Einsatz; 362 wurden exportiert. In der Bundesrepublik erfreute sich der Obus von Henschel größerer Beliebtheit. Daimler-Benz war eben nicht in allen Bereichen marktführend.

Eines der wichtigsten Produkte von Daimler-Benz wurde der Großomnibus, wo eine unbestrittene Marktführerschaft bestand. Das erste Modelle war 1958 mit dem O 317 mit Unterflurmotor geschaffen worden. Außerdem erhielt der O 317 als erstes deutsches Fahrzeug eine Luftfederung, was mehr Komfort bot. Um noch bequemer reisen zu können, schritt die Entwicklung mit dem O 302 voran, der ab 1965 gebaut wurde und mit Klimaanlage versehen werden konnte. In den sechziger Jahren begannen die öffentlichen Nahverkehrsverbände für eine Standardisierung der Linienbusse zu sorgen. Die Busse glichen sich bis auf den Motor. Der O 305 kam zwar spät ins Rennen, überrundete seine Mitkonkurrenten jedoch. Die Modellreihe wurde durch den O 307 erneuert und durch die Gelenkbusversion O 305 G ergänzt. Heute konstruiert man bei Daimler-Benz immer noch Busse, läßt sie jedoch durch andere Firmen fertigstellen. Das Risiko wird auf mehrere Schultern verteilt. Denn im Busbau schreibt selbst der zum High-Tech-Konzern aufgepeppelte Riese rote Zahlen.

Oben: Mercedes-Benz Frontlenker-Allradomnibus Typ LAP 312. Er wurde speziell für die Bergstrecken entwickelt, bot 29 - 33 Sitze. Sein Sechszylinder beschleunigte mit 110 PS auf maximal 80 km/h.

Das erste Automobil in selbstttragender Bauweise erblickte im Hause Kässbohrer das Licht der Welt. Leider war es ein PKW, und solche Miniatur-Autos waren nicht die Sache von Kässbohrer-Brüdern. So werkelten sie noch 25 Jahre, bis es ihnen gelang, einen Omnibus in der gleichen Bauweise zu konstruieren. Der allerdings machte dann als »Setra« Omnibusgeschichte.

Kässbohrer/Setra: Omnipotenz-Busse

Schon vor 400 Jahren setzten die Kässbohrers auf die finanziellen Möglichkeiten, die mit dem Transport von Menschen verbunden waren. Damals noch als Flößer und später in langandauernder Familientradition als Schiffbauer.

Doch die Industrialisierung und die tückischen Untiefen der Donau, an dessen Ufern die Familie in Ulm ansässig war, machten aus einem durchaus profitablen Geschäft eine brotlose Kunst. Man sah in Ulm die Zeichen der Zeit, und die lag in den Schotterbetten der Eisenbahn und nicht auf den unruhigen Flußläufen des württembergischen Landes. Die »Schwäbische Eisenbahn« von Stuttgart nach Ludwigshafen brachte die Stadt frühzeitig in den Genuß eines Anschlusses an die wachsende Welt der Schienen. Und als dann noch ein findiger Stadtabgeordneter die Eisenbahnstrecke Stuttgart - München zweigleisig via Ulm durchsetzte, wurde das doch recht verschlafene Städtchen Eisenbahnknotenpunkt, was seinem Aufschwung enorm zugute kam. Nur konsequent, daß die Kässbohrers umdisponierten, wenn auch etwas verspätet, und erst einmal auf einem Gebiet, welches angesichts des Er-

oberungssturmes der Dampfmaschine etwas anachronistisch anmutete: dem Wagenbau für »echte« Pferdestärken. So zeigte denn im Jahre 1893 Karl Kässbohrer dem *»verehrl. Publikum sowie den tit. Herrschaften und Furhwerksbesitzern«* die Eröffnung seines Wagnergeschäftes — wie es damals hieß — an. Leider nahmen die Ulmer zwar Notiz, machten aber wenig Gebrauch vom Angebot der »Wagenfabrik Kässbohrer«. Sie hatten aber ganz offensichtlich die Zähigkeit des Neufabrikanten unterschätzt, der sich erst einmal mit Reparaturen, später mit dem Bau von eleganten Chaisen, Landauern und Viktorawagen über Wasser hielt. Und im Jahre 1908 offerierte der Firmenkatalog denn auch schon 72 Modelle — auch wenn dieser Erfolg nur möglich war, weil die Familie neben dem Wagenbau auch noch eine gutgehende Mosterei unterhielt, eine zweifellos etwas obskure, im Zeitalter der Pferdekutschen vielleicht aber vertretbare Verbindung.

Die aufsehenerregenden Erfolge der Herren Benz aus Mannheim und Daimler aus Stuttgart lösten einen innovativen Schub sondergleichen aus. Schon 1905 wurden im Nachbarland Frankreich 55.000 Autos gebaut. Nur folgerichtig, daß die Firma Kässbohrer im Jahre 1910 neue Welten erobern ging, indem das Patent für einen Lastwagen anmeldete, der binnen weniger Minuten in einen »Gesellschaftswagen« verwandelt werden konnte. Der Prototyp des Modells diente einem Gasthofbesitzer dazu, dem werktäglichen Biertransport einen sonntäglichen Ausflügler — Extraprofit zu sichern. Schon 1911 konnte so der Betrieb auf der Titelseite

Stadtwerke Münster GmbH: Seit 1901 gibt es in der Universitätsstadt Münster einen öffentlichen Personennahverkehr, seit 1923 neben der Straßenbahn auch mit Omnibussen durchgeführt. Heute fahren auf 17 Linien 122 Busse, vornehmlich der Marke Daimler-Benz. Kässbohrer kam bei den Westfalen nur mit drei Fahrzeugen ins Geschäft, während immerhin 36 MAN-Fahrzeuge im Münsteraner Stadtbild auftauchen. 19 Jahre lang gab es in der Stadt auch Obusse (von 1949 - 1968).

Omnibus-Sattelschlepper mit Büssing/NAG-Zugmaschine, der bei Kässbohrer 1934 für die Dresdener Straßenbahngesellschaft gebaut wurde.

Mitte der fünfziger Jahre baute Kässbohrer wieder Bus-Sattelschlepper. Hier für den Vorfeldverkehr der Flughafen Frankfurt/Main AG, für den natürlich die Vorschriften der StVO nicht gelten.

der neugegründeten Zeitschrift »Der Automarkt« seine »Karosserien für Sport-, Luxus- und Geschäftszwecke« inserieren. Und in der Tat erreichte der Kässbohrer-»Omnibus« auf ebener Straße die unerhörte Geschwindigkeit von 45 Stundenkilometern, fünfzehn mehr als zulässig waren, denn die Württembnergische Verkehrsordnung erlaubte damals als Höchstgeschwindigkeit außerorts nur dreißig und innerorts nur zwölf Stundenkilometer. Die neuartige Karosseriekonstruktion der im Autobau noch weitgehend unbedarften Ulmer Firma ließ die Geschäftswelt geschlossen aufhorchen — war der Holzaufbau doch völlig geschlossen und saß selbst der Fahrer in einer eigenen Kabine. Aber noch bis in die zwanziger Jahre blieb die Konstruktion von

Autombilaufbauten ein Nebengeschäft. Im Mai 1920 vermerkte das Ulmer Tageblatt in einer Vorschau zum Bauerntag: »Wagenfabrikant Karl Kässbohrer führt einen Bernerwagen und eine blitzblanke Einspänner-Chaise vor.«

Zwei Jahre später starb der Firmengründer Karl Kässbohrer und sein Sohn Otto, neunzehn Jahre alt und erst wenige Monate im Besitz eines Gesellenbriefes als Wagenbauer, mußte zusammen mit seinem Bruder Karl, drei Jahre älter und qualifiziert allein durch ein abgebrochenes Ingenieurstudium, den Betrieb mit seiner zwanzig Mann starken Belegschaft übernehmen. Otto kümmerte sich fortan um die Kutschen-, Pkw- und Omnibusaufbauten. Bruder Karl übernahm den Bereich der Nutzfahrzeuge,

Seite 72: Die Lehrwerkstatt von Kässbohrer baute 1932 ein Modell des »Alpen-Express«, der auf ein Büssing/NAG-Fahrgestell karossiert wurde.

1951 demonstrierten sechs Kässbohrer-Arbeiter das Gerippe des ersten selbsttragenden Busses, des Kässbohrer Setra S 8.

Krefelder Verkehrs AG:
In Krefeld begann der öffentliche Nahverkehr fauchend: mit einer Dampfstraßenbahn. Schon 1907 gesellte sich zu den nun elektrischen Straßenbahnen der erste Omnibus. Er fuhr nach Traar und zum Rheinhafen. Natürlich gab es in Krefeld in der Nachkriegszeit auch Obusse, wurde doch im heutigen Stadtteil Uerdingen der Henschel-Obus montiert. Aber schon 1964 hatten sie in ihrer Heimat ausgedient. Heute sind die 109 Busse der Hauptverkehrsträger. 56 Gelenk- und 46 Normalbusse stammen von MAN. Die sieben Anderthalbdecker wurden bei Ludewig auf Daimler-Benz-Fahrgestelle karossiert. Rationalisiert wurde in Krefeld schon früh: seit 1957 gibt es dort keine Schaffner mehr.

besonders die Konstruktion von Lastwagenanhängern. In diesem Jahr waren in Deutschland 18.587 Personenwagen, 1.753 Omnibusse und 51.736 Lastwagen in Betrieb, eine beachtliche Zahl, gemessen an den wirtschaftlichen Verhältnissen der Inflation und eine gigantische, wenn man bedenkt, daß die Firma Kässbohrer im Jahre 1923 auf dem Gebiet des Lastwagenanhängerbaus eine Jahreskapazität von acht Exemplaren aufwies. Aber der Bedarf war groß, denn viele Fahrzeuge stammten noch aus den aufgelösten Heeresbeständen der kaiserlichen Armee und binnen eines Jahres stieg der Bestand an Kraftfahrzeugen in der jungen Republik um 30 %. Karosseriebauer und Autofabriken brauchten einander, denn nur die wenigsten Unternehmen wie Opel, Stoewer, Brennabor, Benz und Daimler betrieben konsequent werkseigenen Karosseriebau. Aber selbst sie vergaben zeitweilige Kleinst- und Vorserien in Lohnfertigung. Davon profitierten die beiden jungen Brüder, die immer neue Personenwagen- und Kombiaufbauten konstruierten, oft in Einzelanfertigung der in Kleinserien zwischen fünf und fünfundzwanzig Fahrzeugen. Kässbohrer führte ein technisches Prinzip ein, welches Jahre später zur Basis des gesamten Personenwagenbaus werden sollte: die selbsttragende Bauweise. Das Zustandekommen dieser Lösung schildert Otto Kässbohrer selbst wie folgt:

»Mit einer der letzten Pkw-Fertigungen gelang uns im Jahre 1928 ein nicht unbedeutender Beitrag zum Fortschritt des Automobils. Der italienische Lancia, Typ Lambda, war zu jener Zeit ein in ganz Europa bekannter und auch in Deutschland sehr begehrter

Sportwagen ... Ein autobegeisterter Münchener Generalvertreter des italienischen Herstellers kam mit der Frage zu uns, ob wir diesen Lancia nicht zum ausgesprochenen Rennsportwagen für die damals so beliebten Bergrennen weiterentwickeln könnten. Allerdings müßte dazu das Fahrzeug wegen der engen Kurven einen wesentlich engeren Radstand erhalten und möglichst auch viel an Gewicht verlieren. Wir sagten zu, merkten aber bald, daß sich der Forderung mit konventionellen Mitteln nicht entsprechen ließ. So bestellten wir in Turin nur die Fahr- und Triebwerkskomponenten wie Motor, Getriebe, Achsen, Federn und dergleichen. Der Wagenkörper aber wurde nach unseren Plänen in einem Stück aus einer hochwertigen Aluminiumlegierung gegossen, wobei sämtliche Aufnahmepunkte und Verstärkungen für die Aggregate bereits berücksichtigt waren. Das erste Automobil in selbsttragender Bauweise hatte in unserem Haus das Licht der Welt erblickt.«

Das war das würdige Finale des Kässbohrer-Personenwagenbaus, denn der Erfolg der Firma stellte sich auf einem ganz anderen Gebiet ein: der Konstruktion einer neuartigen Kippvorrichtung für vierrädrige Anhänger. Dies stellte eine echte Neuheit auf dem Fahrzeugbaumarkt dar, denn bislang herrschte die Meinung vor, zweirädrige Anhänger würden sich besser ziehen und lenken lassen. Aber es gab immer wieder Schwierigkeiten mit den Kippvorrichtungen dieser Anhänger, welche Karl Kässbohrer dadurch löste, daß er einen neuartigen, zweiachsigen Kippanhänger mit zwei fest eingebauten, innenliegenden Winden konstruierte, die vom Heck des Wagens über Handkurbel und Spindel an-

getrieben wurden. Diese Erfindung brachte so renommierte Interessenten wie etwa Büssing auf den
Plan. Stolz notierte Otto Kässbohrer im Rückblick
auf das Jahr 1927: »Zum ersten Male prangte unser
Name auf einem Lastzug der Automobilausstellung.«

Bis ans Ende der Welt

Das zweite Standbein der Firma waren und sind die
Omnibusse. Einer der ersten Auftraggeber war im
Jahre 1921 die Verkehrsgesellschaft Ulm-Wiblin-
gen, das Unternehmen, welches schon im Jahre
1911 den hölzernen Kastenwagen übernommen
hatte. Kässbohrer spezialisierte sich auf diesem Gebiet, konstruierte Omnibusanhänger, die einfach
auf gängige Lastkraftwagengestelle gebaut wurden.
Eine nicht sehr elegante, aber durchaus nicht un-
profitable Lösung.

Einen ungeahnten Aufschwung nahm dieser Fir-
menzweig Anfang der dreißiger Jahre und das auf
einem Gebiet, das damals noch in den Kinderschuhen steckte: dem Massentourismus — auch wenn
dessen Reiseziele ungleich weniger exotisch waren
als die heutigen. Erstaunlich weitsichtig urteilte die
»Deutsche Motorzeitschrift« schon im Jahre 1929:
»Ein Haupttätigkeitsgebiet des Omnibusses wird in
Zukunft ohne Zweifel die Durchführung von Rundfahrten, Ausflugsfahrten und Wochenendfahrten sein.
Das Bestreben des Großstädters, an freien Tagen möglichst schnell vom Herzen der Großstadt weg ins Freie
hinauszukommen, wird in immer größerem Umfang

zutage treten und es ist sicher, daß, solange nicht jeder
im Besitz eines eigenen kleinen Personenkraftwagens
ist, der Omnibus das weitaus geeignetste Verkehrsmittel zur Befriedigung dieses Bedürfnisses sein und
bleiben wird.« Kässbohrers Möglichkeit, diesem
Bedürfnis nachzukommen, wurde begünstigt
durch den Umstand, daß die Automobilfabriken
begannen, immer größere Personenwagenchassis —
mit immer leistungsfähigeren Motoren — vorzu-
stellen. Sie frisierten die ohnehin sehr stabilen
Fahrgestelle, verlängerten die Rahmen, verstärkten
die Federn und manipulierten so sechssitzige Personenwagen zu zehn- bis fünfzehnsitzigen Omnibussen um.

Aus diesen Improvisationen entwickelten die
Brüder bald einen neuen Omnibustyp: Den Sattel-
anhängeromnibus, eine Zugmaschine mit teilweise
gigantischen Anhängern. Der größte wurde 1936
für eine mitteldeutsche Firma entwickelt: Ein Un-
getüm von fast zwanzig Metern Länge, das 170 Menschen Platz bot. Es besaß einen Stahlgerippeaufbau,
war aber außen mit geschliffenen naturlackierten
Mahagonieriemen beplankt, was dem Bus nach be-
scheidenem Urteil des Firmeninhabers Otto »ein
sehr elegantes Aussehen« gab.

Beinahe zwangsläufig stellte sich so auch interna-
tionaler Erfolg ein und Kässbohrer-Busse wurden
nach Ungarn und Rumänien, nach Bulgarien, Polen und Griechenland, in die Türkei und nach Südamerika exportiert. Gleiches galt für Kässbohrer-
Anhänger, die dutzendfach nach Schweden und
Brasilien, nach Jugoslawien und Griechenland ausgeführt wurden. Es ging voran.

Setra S 208 HM (Bj 1979), ein kleiner Hochdecker, der in acht Sitzreihen dreiunddreißig Fahrgastplätze bietet.

Mitte: Setra-Imperial-Doppeldecker (Baujahr 1982)

Unten: Schubgelenkzug von Kässbohrer, der entwickelt wurde, als sich Kässbohrer entschloß, aus dem Standardlinienomnibus-Programm auszusteigen.

Stadtwerke Mainz AG, Verkehrsbetriebe:
Bis 1982 wurden in Mainz die IVECO-Busse von Magirus gefertigt. Wen wundert es, daß es in der rheinland-pfälzischen Metropole noch heute 23 Busse dieser Marke gibt? Ansonsten liegen Daimler-Benz (60) und MAN (66) fast gleich auf. MAN produzierte auch den ersten Bus, der im Nahverkehr in Mainz fuhr. Das war im Jahre 1927, und damals war die Straßenbahn natürlich Verkehrsträger Nummer 1. Heute chauffieren die 339 Fahrer der Stadtwerke die meisten Fahrgäste.

Es kam der Krieg. Und mit ihm die Produktion von Rüstungsgütern. Besonders wichtig für das Kässbohrer-Werk wurde die Herstellung von Kühlbehältern für militärische Versorgungszwecke, des weiteren wurden Tiefladeaufhänger und Omnibusse mit Feststoffgeneratoren, den sogenannten Holzvergasern gebaut — Ersatzmotoren, in denen im Zuge zunehmender Benzinknappheit Torf, Holz und Kohle verschwelt wurde, eine ziemlich zeit- und nervenaufreibende Energiezufuhr, die sehr zu Lasten der Bestücker, der Fahrgäste und nicht zuletzt der Geschwindigkeit ging. Aber auch im Raketengeschäft steckte Kässbohrer. Otto Kässbohrer erinnerte sich später etwas verharmlosend:

»Im Jahre 1944 erhielten wir aus Berlin die Bearbeitung von sogenannten 'Flossen' zugewiesen, schwierig geformte Blechkörper aus einer besonders korrosionsbeständigen, hochwertigen Leichtmetall-Legierung. Allgemein wurde in unserem Haus vermutet, es handle sich um Teile für irgendein Gerät der Marine, bis sich eines Tages durch Zufall die Heeresversuchsanstalt Peenemünde als Empfänger herausstellte. Nun wußten wir, daß es sich um die Leitwerke der neuen 'Wunderwaffe' der dort in Erprobung befindlichen Raketen handelte. Als Mitwisser verloren wir kein Wort über diese Produktion, als nach Kriegsende unsere amerikanischen Verbindungsoffiziere uns über den eigentlichen Zweck der noch recht beträchtlich vorhandenen Vorräte an Leichtmetallblechen befragten. Wäre unsere 'Flossenherstellung' ruchbar geworden, hätte man unseren mühsam hergerichteten Betrieb unweigerlich demontiert.« Ende des Jahres 1944 jedenfalls legte ein Bombenangriff das Kässbohrer-Werk lahm und in der Firmenchronik heißt es, *»die gesamten Fabrikanlagen waren dem verheerenden Angriff einer Nacht zum Opfer gefallen«.* Ganz so schlimm kann es aber nicht gewesen sein, denn schom im Dezember 1945 arbeiteten wieder 400 Menschen im Werk.

Von den 22.000 Vorkriegsomnibussen waren in Deutschland gerade noch 4.700 übrig geblieben. Und Kässbohrer baute zunächst Oberleitungsbusse, dann Omnibusaufbauten, die auf ausgediente Lastwagenfahrgestelle der US-Army gesetzt wurden. Schon im Jahre 1950 arbeiteten wieder 1.500 Menschen im Betrieb. Erste Exportaufträge nach Spanien und in die Türkei gaben Anlaß für mehr als berechtigte Hoffnungen auf goldene Zeiten. Und dann kam der große Streich, der Kässbohrer in den nächsten 25 Jahren an die Milliardengrenze katapultieren sollte.

Kässbohrer-Setra: Universal

Noch immer machte den Omnibuskonstrukteuren das Problem zu schaffen, daß Omnibusse aus zwei zusammengefügten Einheiten — dem Fahrgestell und dem Aufbau — bestanden und letzterer eigentlich nicht für den Bus, sondern für Lastkraftwagen konstruiert war. Heute erscheint es fast selbstverständlich, daß Otto Kässbohrer und sein damaliger Chefkonstrukteur Georg Wahl auf die Idee der selbsttragenden Bauweise zurückgriffen, die damals schon den Autobauern von Lancia so gut gefallen hatte. Damals aber war es ein fast unglaublicher Schritt und die Fachwelt geriet geradezu in Euphorie, als im Jahre 1951 die Ulmer Firma ein vollständiges Omnibus-Gerippe vorstellte, das ohne jede Mühe von sechs Männern getragen werden konnte. Damit begann der Siegeszug des »Setra«, dessen Name sich zusammensetzte aus den ersten Buchstaben des technischen Prinzips, auf dem er aufgebaut ist. Vier Jahre nach der Vorstellung des Setra 8 wurde bereits der tausendste selbsttragende Kässbohrer-Omnibus gebaut, im Jahre 1969 der zehntausendste, noch einmal zehn Jahre später der fünfundzwanzigtausendste. Er war es, der die Wirtschaftswunderkinder an den Gardasee, nach Rimini und Tirol karrte. Er war es, der Amerika eroberte. Er war es, der sogar Einzug hielt ins Guiness-Buch der Rekorde, in dem im Jahre 1964 vermerkt ist: *»Die größten Autobusse der Welt stammen aus Deutschland und fahren quer durch die USA. Die Firma Kässbohrer aus Ulm stellt die zwanzig Meter langen 'Golden Eagle' her, die fast 200.000 DM kosten und 64 Passagieren Sitzplätze bieten.«*

Er räumte fortan sämtliche nur denkbaren Preise auf den Internationalen Omnibuswochen ab, entwickelte sich zu einem Baukastensystem mit über 20 Modellen und so poetischen Namen wie »Royal« für den dreiachsigen »Superhochdecker«, »Optimal« für den Reise-Setra, »Communal« für den Stadtlinien-Setra und »Tropical« für den »Export«- und Tropen-Setra. Zum lukrativen Geschäft entwickelte sich für die Kässbohrer-Brüder — neben dem weiterhin florierenden Anhängerbau — der sogenannte »Pisten-Bully«, ein Kettenfahrzeug, das schon zehn Jahre nach der Auslieferung der ersten Maschine in 35 Ländern der Erde den Schnee von den Pisten schob. Diese Fahrzeuge sind wohl das Resultat der einzigen Leidenschaft der Kässbohrer — ausser ihrer Firma: dem Bergwandern, wobei sich Otto in 23 Jahren gerade vier Wochen Urlaub gönnte, wie es den Aufzeichnungen der alliierten Militärbehörden detailliert zu entnehmen ist: August 1922 viertägige Bergtour in Österreich; Juni 1928 sechstägige Bergtour in der Schweiz; August 1932 fünf Tage Bergtour in Italien; April 1937 und 1938 jeweils sieben Tag Südtirol.

In den dreißiger Jahren und in der Nachkriegszeit war die Firma Kässbohrer ein zwar großes, aber doch typisches Karosseriebauunternehmen. Mit der Vorstellung des ersten »Setra« im Jahre 1951 auf der internationalen Automobilausstellung in Frankfurt änderte sich das. Kässbohrer stellte einen Omnibus in »selbsttragender Karosserie« vor. Nun mußten nicht mehr von den Lkw-Herstellern Fahrgestelle bezogen werden. Das Werk nahm im Omnibusbau fortan eine Zwitterstellung ein: Nur die Motoren stammten noch aus dem Lieferprogramm der Lkw-Fabriken (früher zu großen Teilen von Henschel), heute von MAN und Daimler-Benz). Kässbohrer wird heute auch von der offiziellen Statistik als eigenständiger Nutzfahrzeughersteller geführt. Nach Daimler-Benz nehmen die Ulmer heute den zweiten Platz unter den Busproduzenten ein. Über 40.000 Setra-Busse wurden bis jetzt gebaut. 1983 waren es z.B. fast 2.000. Die Angebotspalette reicht heute vom exklusiven Clubbus mit 10 Sitzreihen bis zum Gelenkbus für 160 Personen. 1981 stellte Kässbohrer einen Doppeldecker vor, für den erste Vorstudien bereits in den sechziger Jahren angefertigt wurden. Er war notwendiger denn je, denn in der Schweiz und Frankreich galt ein Durchfahrverbot für Reisegelenkomnibusse und dem Setra SG 221 HDS war somit keine Zukunft beschieden.

Hochdecker baute Kässbohrer seit 1973. Diese Busform, die sich heute durchgesetzt hat, bietet deutlich mehr Fahrkomfort, Stauraum und Sicherheit. Heute befinden sich im Setra-Programm, das strikt nach dem Baukastenprinzip aufgebaut ist und Wartung und Ersatzteilservice somit erleichtert, zwei Hochdeckervarianten. Bei der Baureihe 216 liegt das Fahrercockpit isoliert auf Straßenniveau, der Bus verfügt so über eine — bei den Fahrgästen besonders beliebte — weitere Frontsitzreihe, beim S 215 wurde der konventionelle Fahrersitz auf halber Höhe zwischen Straßenniveau und Fahrgastsitzreihe beibehalten. Heute stellt sich das Setra-Lieferprogramm wie folgt dar:

Imperial — Setra-Doppeldecker
Royal — dreiachsiger Setra-Superhochdecker
Optimal — Reise-Setra komfortabelster Ausstattung
Universal — vielseitig einsetzbarer Setra
Rational — Setra im Überlandlinien- und Gelegenheitsverkehr
Regional — Setra zum reinen Überlandlinieneinsatz
Communal — Stadtlinien-Setra
Tropical — Setra in Export- und Tropenausführung

Kässbohrer ist im übrigen der einzige Busbauer, der sich nicht mehr am — federführend von der Hamburger FFG im Auftrag des Bundesministers für Forschung und Technologie — entwickelten Projekt der zweiten Generation standardisierter Linienfahrzeuge beteiligt. Ursache der Entwicklng eigener »Communal«-Fahrzeuge für den städtischen Linienverkehr ist die Weigerung von Daimler-Benz und MAN, den Mitentwicklern — aber gleichzeitigen Konkurrenten — Antriebsaggregate zu liefern. So sorgen die Setra-Modelle und sein Schublenkzug dafür, daß das Bild des städtischen Linienverkehrs sich nicht vollkommen uniformiert.

Auwärter war einer von fünf Dutzend Karosserie-Bauer Deutschlands, bis ihm mit einem Omnibus in selbsttragender Bauweise der große Coup gelang. Das Wunderwerk hieß 'neoplan', eroberte die Welt und besonders die Saudis schlossen ihn ins Herz: Kein Wunder, wenn man bedenkt, daß für sie selbst Einzelstücke mit Fahrstuhl, Wohnsalon und Couchgarnitur gebaut werden.

Auwärter: Ein neuer Bus tritt auf den Plan

Wenn eine Familie schon seit vielen Jahrzehnten im Wagenbaugeschäft ist und der Patriarch der Familie stirbt, dann wird in den meisten Fällen sein Erbe pfleglich weitergeführt. Wenn aber drei Brüder um das Erbe streiten und jeder die Führungsposition innehaben will, dann scheint es das Beste zu sein, getrennte Wege zu gehen. Genau das geschah auch im Fall der Familie Auwärter. Im Jahre 1935 eröffnete Sohn Gottlieb jr. eine eigene Fabrik, die sehr viel später mit dem Neoplan-Konzept Omnibusgeschichte schreiben sollte.

Zuerst aber befaßte sich das Unternehmen im wesentlichen noch mit der Herstellung von Omnibuskarosserien, Kastenaufbauten sowie Lkw-Fahrerhäuschen, wobei gerade die Busaufbauten in guter alter Wagnertradition aus Holz waren und etwaige Karosseriebestandteile aus Buchen- oder Eschenholz geschnitten wurden. Ein Verfahren, das im Zuge der Massenproduktion jedoch kaum zukunftsweisend war und dementsprechend schon zu Kriegsbeginn ad acta gelegt wurde. Da beschäftigte das Unternehmen zwar schon 45 Mitarbeiter, was sich aber schnell änderte, denn binnen kürzester Zeit wurde die Hälfte der Belegschaft zur Wehrmacht eingezogen. Im Herbst 1942 folgte der Rest samt Firmenchef Gottlieb jr., um am Stuttgarter Flughafen demolierte Bomber wieder einsatzfähig zu machen. Erst Mitte 1944 konnte der eigene Betrieb wieder eröffnet werden, allerdings nur um den Preis der Vorgabe, fortan Fahrzeuge auf Holzgasbetrieb umzurüsten.

Die »Stunde Null« 1945 war auch für die Firma Auwärter nicht gerade eine Option auf die Zukunft. Aber immerhin hatten die Produktionsanlagen die Bombenangriffe leidlich unbeschadet überstanden. So ging es weiter mit dem, was auch im letzten Kriegsjahr mehr schlecht als recht die Kasse gefüllt hatte: der Holzgasumrüstung. Im Jahre 1950 war Auwärter eines von 60 bundesdeutschen Unternehmen, das sich mit der Herstellung von Omnibusaufbauten und Fahrgestellen beschäftigte. Die Auftragslage war eher mäßig, denn der Rückgang der zunächst überdurchschnittlich hohen Nachfrage nach Bussen führte zu Konkurrenzdruck und Preiskriegen bis an den Rand der Rentabilität. Nur konsequent also, wenn man sich auch bei Auwärter verstärkt um neue Absatzmärkte bemühte. Die lagen eindeutig in der Einführung neuer Bauweisen und der Abkopplung der Entwicklung des Omnibusses vom Lastwagen. Das hieß: Abkehr vom einfachen Karosseriebau, Hinwendung zu der schon vor dem Krieg entwickelten selbsttragenden Bauweise, verbunden mit dem Einbau des Motors in Heck oder Unterflur. Und so trat im Laufe der fünfziger Jahre — neben den Firmen Kässbohrer, Klatte, Orion, Pekol und anderen — auch Auwärter in das Geschäft mit Komplettbussen unter Verwendung fremder Aggregate ein.

Gottlieb Auwärter stellte seinen ersten selbsttragenden Autobus im Jahre 1953 vor. Er trug den lautmalerischen Namen Neoplan, was aber nichts anderes bedeutete als »Neues Beförderungsmittel«. Seine Karosserie bestand aus einem Gerippe von Stahl-Vierkantprofilen, auf das die Stahlblechbeplankung aufgeschweißt war. Für ein ansprechendes Äußeres des neuen Gefährtes sorgte über die Seitenverglasung hinaus die Dachrand- und Heckrundverglasung sowie die für damalige Zeiten wirklich modernistische Frontpartie mit geteilter, nach hin-

ten gezogener Scheibe und sattelförmiger Wölbung über dem leicht herausstehenden Kühlergrill. Das Fahrzeug war knapp zehn Meter lang, hatte 39 Sitzplätze und brachte es mit seinen 160 PS auf eine Spitzengeschwindigkeit von guten 90 km/h. Dieses Konzept bescherte dann auch prompt den Ehrenpreis des Deutschen Wagen- und Karosseriebauhandwerkes, was Auwärter zwar nicht Mark und Pfennige brachte, aber ein gutes Stück Reputation. Die nächsten Lorbeeren erntete Auwärter im Jahre 1961, als er die Examensarbeit seines Sohnes — der studierte an der Fachhochschule für Karosserie- und Fahrzeugbau in Hamburg — zu einem Omnibus machte, von dem die »Omnibus-Revue« euphorisch sagte: »Der Fortschritt hat stattgefunden« — und der dann auch prompt in Nizza den Omnibus-Oscar einheimste. Das Modell bekam nach Sohn Albrechts Studienort den Namen »Hamburg« und zeichnete sich neben der zweckmäßigen, relativ eckigen Bauweise — die sich auffallend von den fünfziger Jahre-Rundungen abhob — durch bis in die Dachrundung hineingezogene Seitenscheiben mit schrägen Fensterstreben aus, die den Fahrgästen einen ungehinderten Ausblick auf das Tiroler Land und den Lago Maggiore garantierten. Technisch hatte man besonders auf ein ausgereiftes Heizungs- und Belüftungssystem Wert gelegt. Ein besonderer Clou war das erhöhte Dachmittelteil, um bei nach hinten leicht ansteigender Bestuhlung Stehhöhe zu erhalten.

Von der Rentabilität dieses Modelles wurde selbst

Firmengründer Gottlieb überrascht. Die Firmenbilanzen wiesen schon im Jahre 1967 den tausendsten Neoplan aus, Anlaß genug, um im Jahr darauf den Grundstein für umfangreiche Neubauten zu legen und ein Verwaltungsgebäude zu bauen, das dem neuen Glanz der Firma gerecht werden würde. Protziger denn auch der Name der '73er Neukonstruktion: »Jetliner«, ein Modell mit jetzt ungeteilter »Panorama-Fensterscheibe« und etlichen reisefreundlichen Einbauten. Neben diesen »Serien« entstand aber auch noch eine Vielzahl von Doppeldeckern, die wiederum ihren Ausgang nahmen in einer Examensarbeit — diesmal allerdings von Sohn Konrad. Das Modell begeisterte vor allem dadurch, daß es bei einer Höhe von knapp vier Metern und 16 Tonnen Gesamtgewicht das einzige seiner Zeit war, welches im wachsenden Paragraphengestrüpp ohne Ausnahmegenehmigung auskam. Ausschlaggebend für die niedrige Gesamthöhe war eine Fußbodenhöhe von nur 35 Zentimetern, ermöglicht durch eine neu entwickelte Tiefrahmen-Achse. Das Modell lief im folgenden in diversen Ausführungen unter dem Namen »Skyliner«. Nicht zuletzt ihm war die Neueröffnung des bayrischen Werkes der Firma zu verdanken. Auwärter entwickelte sich darüber hinaus aber immer mehr zum Spezialisten für besondere Fälle. Zu nennen wäre da neben den Stadtbussen zuerst einmal die Flughafenbusse, die den Vorteil hatten, jeder Straßenverkehrsordnung spotten zu können, da sie nicht für den Gebrauch im Straßenverkehr konzipiert wurden. So entstand

Seite 78: Die beiden Aufbauten, die Mitte der dreißiger Jahre für das Stuttgarter Reisebüro Südkraft von Auwärter gebaut wurde, dokumentieren den Übergang zur Stromlinienform. Oben: Der erste Auwärter-Bus in selbsttragender Bauweise. Zum Einbau kam ein 108 PS Kämper-Diesel, der den Bus auf 90 km/h beschleunigte. Die Hinterachse stammte bei diesem Modell entweder von Magirus-Deutz oder von Daimler-Benz.

Stadtwerke Oberhausen AG:
Im Jahre 1925, 28 Jahre nach Aufnahme der öffentlichen Personenbeförderung, begann man auch in Oberhausen, Busse im Nahverkehr neben der Straßenbahn einzusetzen. Heute sind in der Industriestadt die 142 Busse der Stadtwerke die Träger des öffentlichen Nahverkehrs. In Oberhausen hat man sich vornehmlich für Fabrikate der Marke Daimler-Benz (0 305) entschieden, setzt aber neben den 115 Mercedes-Busses auch 27 von MAN ein.

Neoplan Spaceliner N 117/2.
Seite 81: Büssing-Fahrgestelle für
die BVG.

etwa ein superbreiter Bus mit 12,5 m Länge und fast 4 Metern Breite. Undenkbar für den Stadtverkehr, allemal nutzbar auf mehr als großzügig angelegten Rollbahnen. Es entstand ein Flughafen-Doppelstockbus, noch um einen halben Meter breiter, zum Ausgleich mit zwei Stockwerken, ein Monstrum, das mühelos die gesamten Passagiere eines Jumbo-Jets aufnehmen konnte, was immerhin 50 Flughäfen der Welt — von Sidney bis Vancouver, von Buenos Aires bis Singapur — anregte, diese Neoplan-Mutation anzukaufen.

Aber auch Einzelstücke wurden mehr als einmal gefertigt und einige von ihnen waren kurios genug, um erwähnt zu werden. So konzipierte Auwärter etwa für einen saudi-arabischen Potentaten ein 4,20 m hohes Wohnmobil mit Wohnsalon und Couchgarnitur, drei Schlafzimmern plus Badezimmer im Oberdeck — Stereoanlage und Video selbstverständlich inklusive. Daraus entwickelte sich eine regelrechte Neoplan-Wüstenconnection, die ihren Ausdruck fand in einem Doppeldeck-Wohnmobil mit Fahrstuhl und diversen Jagdwagen mit kippbarem Fahrerhaus für einen gutbetuchten Scheich. Natürlich schlossen sich diesen Einzelaufträgen äußerst lukrative Sammelbestellungen an, etwa eine Lieferung von 500 Linienbussen für die »Saudiarabien Public Transport Corporation«, woraus sich schnell ein ganzes Linienbusprogramm für Saudi-Arabien entwickelte. Neoplan-Service-Station inklusive.

Auch in anderen Ländern agierte die Firma äußerst lukrativ: etwa in Ghana, das 60 Linienbusse orderte, der Beginn einer Arbeit in Afrika, die mit der Errichtung eines Zweigwerkes in Kumasi endete.

Der größte Coup aber gelang in den USA. Dort errichtete Auwärter im Jahre 1981 ein Zweigwerk in Lamar im Bundesstaat Colorado, das geradezu kometengleich in die Phalanx der heimischen Autobushersteller einbrach. Binnen weniger Jahre wurden so lukrative Geschäfte wie 415 Omnibusse für die Stadt Los Angeles oder knapp 1.000 Fahrzeuge für einen Verkehrsverbund in Pennsylvania abgewickelt, was im Jahre 1985 zur Gründung eines zweiten USA-Ablegers führte. Da sind dann fast schon kleine Fische, was Auwärter noch so zusammenbaute: aber skurril genug, um aufgelistet zu werden, ist es allemal. Da gibt es Bücherbusse, Cinemobile, Pferdetransporter, Feuerwehreinsatzwagen, fahrbare Verkaufsstände und — ganz nebenbei — eine fahrbare Zweigstelle der Verbands-Sparkasse Schwarzenbek/Holstein. Fehlt eigentlich nur noch, daß Auwärter endlich anfängt, eigene Motoren zu entwickeln. Aber selbst dieser vermeintliche Nachteil hat durchaus seine positiven Aspekte, ist man doch in der Lage, Exportfahrzeuge mit Triebwerken aus den jeweiligen Bestimmungsländern auszustatten. Womit natürlich auch deren Servicenetz zur Verfügung steht. Und das ist nicht klein, wenn man bedenkt, wie die Partner heißen: Scania in Skandinavien, Steyr in Österreich, Nissan in Japan und Detroit für den US-Markt. So haben denn manchmal kleine Unzulänglichkeiten auch ihr gutes. Und das zahlt sich nun einmal in barer Münze aus.

Heinrich Büssing versuchte sich als junger Mann an der Produktion eines 'Velocipedes'. Das geriet zu einer riesigen Pleite. Dreißig Jahre später wandte er sich dem Automobil zu. Vier Räder brachten ihm denn auch ungleich mehr Glück. Baute seine Firma immerhin doch bald die Hälfte aller deutschen Omnibusse.

Büssing: Gut gebrüllt, Löwe

Heinrich Büssing hatte schon das stolze Alter von 60 Jahren erreicht, als er im Jahre 1903 die »H. Büssing Spezialfabrik für Motorlastwagen und Motoromnibusse« gründete. Ein später Anfang für einen Mann, der sich eigentlich zur Ruhe hätte setzen können. Und der Beginn eines Firmenaufstiegs, der so wohl kaum vorherzusehen war, denn noch zwei Jahre zuvor belief sich die Omnibus- und Lastwagenproduktion in Deutschland auf ganze 39 Fahrzeuge.

Dem Verkehr war Büssing schon Jahrzehnten treu, erst als Produzent eines eisenbereiften »Velocipedes«, dann als Eisenbahnangestellter, schliesslich als Eisenbahnsignalbauer. Mit dem Signalbau erwarb er sich betriebswirtschaftliches Know-how und viel, viel Geld, genau das, was ihm als Fahrradbauer einmal noch gefehlt und in den Konkurs getrieben hatte. So konnte er es sich leisten, den ersten Lastwagen, den er baute, die »Graue Katze« nicht zu verkaufen und ihn stattdessen unentgeltlich einer Firma für ein Jahr zur Prüfung zu überlassen. Danach wurde er wieder zerlegt und jedes einzelne Teil genauestens untersucht. So mit Werten über notwendige Motorleistung, Kupplungsmaterial und unabdingbare Bereifung ausgestattet, begann erst die eigentliche Produktion eines Lastwagens, der — bevor er verkauft wurde — wieder und wieder eine 110 km lange Strecke mit 550 m Gefälle (Braunschweig — Harz) befahren mußte, um sechzig Zentner Last zu transportieren. Anschließend stand die Verkehrsreife des Fahrzeuges fest. Da war es nur ein kleiner Schritt zum Bau von Omnibussen, denn »Last«, das konnte alles mögliche sein — also auch der Mensch.

Löwengebrüll

Das Ergebnis der Büssing'schen Bus-Bemühungen war ein Kraftomnibus mit einer Maximalgeschwindigkeit von 30 km/h, die natürlich nicht ausgefahren werden durften, da nur 16 km/h erlaubt waren. Er hatte 19 Sitz- und 11 Stehplätze in zwei Abteilen. Der Fahrer saß ohne Windschutzscheibe zwischen zwei Petroleumlampen, die ihm nachts den Weg erhellten. Dies Modell war es dann, mit dem Büssing die Konzession für einen privaten Omnibusbetrieb zwischen Braunschweig und Wendeburg erhielt. Bald kam eine zweite Konzession für die Postbeförderung hinzu. Büssing betrieb die Linie auf eigenes Risiko. Wenn der Bus abends zurückkam, wurde er sofort überprüft und wenn nötig noch über Nacht repariert. Diese Mühe zahlte sich schnell aus, denn in England kamen die Produzenten wie AEC und Leyland mit der Produktion von Omnibussen nicht nach. Die »London General Omnibus Company« beauftragte daher Agenturen mit dem Ankauf von speziellen Stadtomnibussen, die mit Vierzylinder-Verbrennungsmotoren (Leistung von

NAG-Busse der BVG vor der Vereinigung mit Büssing gebaut.

etwa 20 PS) ausgerüstet sein sollten. Gerade diese Forderung aber hatte Heinrich Büssing mit seinem ersten Omnibus erfüllt. So kam es dann zu einer geschäftlichen Vertretung, die über Chassis-Lieferungen zu einer Generalvertretung durch eine britische Firma führte. Im Jahre 1914 fuhren schon 400 Büssing-Busse durch London — sehr viel, wenn man bedenkt, daß es in ganz Berlin zu dieser Zeit nur 336 Busse gab. Wobei Heinrich Büssing natürlich auch hier im Geschäft war.

Wie er sich durchzusetzen verstand, bewies er eindrucksvoll im Jahre 1919, als der Arbeiterrat ihm anstelle des bisher üblichen Akkordlohnes einen Zeitlohn abzutrotzen versuchte, wenn auch sein Verhalten ein bezeichnendes Licht wirft auf seinen politischen Standpunkt und seine Haltung der Arbeiterschaft gegenüber: *»Nachdem die Wiedereinführung der Akkordarbeit von der Arbeiterschaft abgelehnt war, habe ich mich genötigt gesehen, am 8. zum 23. August die gesamte Belegschaft zu kündigen.«* Dieser Brachialtour war der Arbeiterausschuß nicht gewachsen. Kleinlaut hieß es: *»Die viel behauptete Meinung von Kameraden, daß die Arbeiter das Büssing-Werk erst auf den Gipfel seiner jetzigen Höhe gebracht haben, ist so irrig als falsch; dazu beigetragen haben wir alle mit, vor allem die älteren, besonnenen Arbeiter; in erster Linie hat doch aber wohl Herr Geheimrat Dr. H. Büssing ein Recht, dieses Verdienst selbst in Anspruch zu nehmen.«* Diesem Kniefall folgte dann auch bald die Wiedereröffnung der Firma. Selbstverständlich natürlich mit Akkordlohntarifen. Das war eine der letzten Handlungen des Firmengründers. Er begnügte sich fortan mit einem Posten im Aufsichtsrat. Aber erst im Jahre 1924 begann die Firma wieder zu prosperieren. Grundlage war der neu konzipierte Büssing-Dreiachser, bei dem alle Leit-, Trieb- und Bremskräfte gleichzeitig auf die vier Hinterräder wirkten. Binnen kürzester Zeit kaufte neben der Reichspost und mehreren städtischen Verkehrsbetrieben allein die Berliner Omnibus AG *»100 Büssing-Sechsrad-Omnibusse mit geschlossenem Oberdeck«*. Sehr bald kam Büssing so

auf die beachtliche Monatsproduktion von 250 Fahrzeugen. Das rechtlich geschützte Firmenzeichen — der »Burglöwe« vergoldete sich wieder und wieder. Kein Wunder, denn im Jahr des New Yorker Börsenkrachs stammten 98% aller deutschen Dreiachsbusse von Büssing.

Aber der Krach jenseits des Teiches rupfte auch die Löwenmähne. Und nicht nur sie: Dutzende von renommierten Automobil- und Karosseriebauern standen plötzlich vor den Trümmern ihrer Existenz. Die Konsequenz für Büssing: Die Fusionierung mit der NAG (Neue Automobil-Gesellschaft), einer Tochterfirma der AEG, die selbst in nicht unerheblichen Schwierigkeiten steckte.

Die NAG

Die »Nationale Automobil-Gesellschaft« hatte im selben Jahr den Betrieb aufgenommen wie die Büssing-Werke. Sie war eine Gründung Emil Rathenaus, des Generaldirektors der AEG. Die NAG hatte vor der Konkurrenz den unschätzbaren Vorteil, daß sie auf Zulieferer kaum angewiesen war, da die AEG neben Chassis und Gußstücken selbst die Gummireifen liefern konnte. So konnten schon 1905 die Fabrikationsräume erweitert werden, in denen sich die NAG auch als Flugzeugmotorbauer einen Namen machte. Aber die Domäne blieb der Lastwagen- und Omnibusbau. Die Konstruktion eines Kardanomnibusses — auf den die Allgemeine Berliner Omnibus AG ihren ganzen Betrieb umstellte — zeigte deutlich die führende Position des Unternehmens an.

Im Krieg allerdings wurde die NAG zum reinen Rüstungsbetrieb und baute ab 1916 fast ausschließlich Flugzeugmotoren. Möglicherweise wäre dies auch nach den letzten verlorenen Schlachten ein gutes Geschäft geworden, aber der Versailler Vertrag setzte jeder Spekulation in dieser Richtung ein Ende.

Danach erholte sich die NAG nie wieder so recht. Streiks und Räterepublik waren solidem Kapitalismus ziemlich abträglich, eine verfehlte Konstruktionspolitik vor allem im Bereich der Pkws führte unausweichlich in die roten Zahlen. Zwar lief das Lastwagen- und Omnibusgeschäft gut, aber der Gigant mit zeitweise 5.000 Beschäftigten wackelte. Da kam die Hochzeit mit Büssing gerade recht.

Der hatte wenig zuvor mit dem »Langen Sachsen« wieder einmal seine Ausnahmestellung im Omnibusbau unter Beweis gestellt, einem Dreiachser für 70 Personen mit einem Gewicht von 16 Tonnen. Er wurde angetrieben von einem Sechszylinder-Doppelmotor von zusammen 300 PS und einer Geschwindigkeit von 115 km/h. Das war der stärkste und schnellste Omnibus der Welt und für die Fahrer dank Druckluftunterstützung bei Kupplung, 10-Gang-Getriebschaltung, Bremsen und Freilauf sicherlich auch einer der komfortabelsten.

Es waren die Jahre der Umstellung vom Otto- auf den Dieselmotor, eine Entwicklung, die von Büssing/NAG sofort erkannt wurde und sogar zu der Einrichtung einer »Diesel-Schule« für Lkw-Fahrer im Braunschweiger Stammwerk führte. Die Umorientierung lag auf der Hand, reduzierte sie die Brennstoffkosten doch um sage und schreibe 75 %.

Trambus

Und es gab eine weitere Umstellung, die Omnibusgeschichte machen sollte: In der Öffentlichkeit bestanden Vorurteile gegen Motorfahrzeuge ohne Haube. Gerade die aber mußten gebaut werden, denn die Länge und Breite von Bussen waren in den Maximalwerten festgelegt. Wenn die Konstrukteure auf der vorgegebenen Fläche mehr Fahrgastraum schaffen wollten, mußten sie den Raum, der bisher für den Motor reserviert war, frei machen. Schon 1924 hatte Benz mit einem Frontlenker experimentiert, dessen Motor in der Wagenmitte eingebaut war. Anfang der dreißiger Jahre begann man auch bei Büssing an dem Problem zu arbeiten, allerdings gleich mit dem neuentwickelten Dieselmotor. Den baute der Chefkonstrukteur unterflurliegend ein. Die Tragweite dieses vorläufigen Experimentes zeigte sich erst später. Aber dann wurde der Unterflur-Dieselmotor für fünfig Jahre zum Wahrzeichen der Firma Büssing. Die ersten Modelle, karossiert von der Düsseldorfer Waggonfabrik AG, gingen nach Hannover und Kassel; bald folgten Lieferungen nach Helsinki, Warschau und Südamerika. Noch vor dem Zweiten Weltkrieg entwickelte sich aus diesen ersten »Trambus«-Aufträgen ein ganzes Serienprogramm für den Linienverkehr, gestuft nach Größe und Fassungsvermögen, wobei der kleinste Bus 35, der größte etwa 60 Personen zu transportieren in der Lage war. Aber dann kam der Krieg. An seinem Ende stand ein arg reduziertes Büssing-Imperium: Das Stammwerk Braunschweig schwer beschädigt, die ehemaligen NAG-Werke in Berlin von russischen Soldaten besetzt, die Werke in Leipzig und Königsberg ebenfalls. Trotzdem wurde sofort nach der Besetzung durch amerikanische und englische Truppen der Betrieb wieder aufgenommen, wenn auch unter freiem Himmel. Schon am 2. Mai 1945 (!) wurde das erste Nachkriegsauto ausgeliefert und sofort begann auch wieder die Trambusproduktion. Bis zum Ende des Jahres wurden noch 37 fertiggestellt, im folgenden Jahr 175, 1947 dann 230 und im Jahr der Währungsreform schon 320 Stück. Das hieß: Büssing deckte fast den halben Bedarf der deutschen Omnibusproduktion. Und 1953 lief dann der tausendste Trambus vom Band ins Wirtschaftswunderland.

Bald interessierten sich auch Karosseriebauer wie Kässbohrer und Gebrüder Ludewig aus Essen für Büssing-Omnibustriebwerke, die in selbsttragende Aufbauten eigener Konstruktion eingebaut werden sollten. Auch Reisebusbauer wie Auwärter order-

ten Triebwerke. Die Auftragsbücher quollen über. Aber die fünfziger Jahre waren nicht nur ein Jahrzehnt immensen Profites, sie brachten auch — gerade im Omnibusbau — eine Fülle technischer Neuerungen. Neben der schon mehrfach erwähnten selbsttragenden Verbundkarosserie, etwa das Baukastensystem bei verschieden großen, aber übereinstimmenden Wagenreihen der Frontlenker, Automatik-Getriebe, Luftfederung, die motorunabhängige Omnibusheizung, die Klimaanlage, das Sicherheitsglas und schließlich die Störungsbremse als dritte Bremse am Omnibus. Fast selbstverständlich erscheint es da schon, wenn man hört, daß Büssing — zusammen mit Kässbohrer — den ersten in der Bundesrepublik zugelassenen Gelenkbus konzipierte, der es bei einer Länge von 18,5 m auf ein Fassungsvermögen von 170 Personen brachte. Trotzdem lief nicht alles nach Wunsch: der Unterflurmotor wurde besonders von Lkw-Fahrern heftig kritisiert, da sie bei Unfällen den Schutz durch vor

Oben: Büssing-NAG 375 N, ca. 1935, Sechszylinder-Motor mit 95 PS Leistung. Unten: 1934 karossierte Gaubschat diesen Büssing-Zug.

ihnen liegende Motoren vermißten. So setzte sich ein teuer entwickelter Lastwagen nicht durch. Der Gesetzgeber beschränkte mehrfach gerade die Maße und Gewichte der Fahrzeuge, die bei Büssing im Vordergrund standen, was immer wieder zu kostspieligen Änderungen führte. Der Ankauf des früheren Borgward Lastwagenwerkes Osterholz-Scharmbeck bei Bremen erwies sich als teures Zusatzgeschäft und das Zweigwerk Emden als Flop, das nur zwei teure Jahre durchgehalten werden konnte. Auch der Sättigungsgrad des Marktes setzte Büssing zu. Die Zulassungsstatistik wies für Büssing fast 50 % aller Gelenkomnibusse und 100 % aller Doppeldecker aus. Da waren keine Zuwachsraten mehr zu erwarten; das Ende der Fahnenstange schien erreicht.

Der ausgestopfte Löwe

So sanken gegen Ende der sechtiger Jahre die Verkaufszahlen kontinuierlich ab. Büssings Personalbestand reduzierte sich auf knapp 6.000 Mitarbeiter. Aber auch diese Massenentlassungen fingen den Niedergang nicht auf und im Jahre 1969 prognostizierten Experten für die Firma Verluste von 140

Millionen DM für das nächste Jahrfünft. Zu diesem Zeitpunkt hatte die Familie des Firmengründers allerdings schon die letzte Aktie am Unternehmen verkauft und die Firma Büssing als Familienbetrieb hatte aufgehört zu existieren. Im Laufe der sechziger Jahre hatte sich der Bund in Form der Salzgitter AG eine Aktienmehrheit gesichert. Die überließ dann der Maschinenfabrik Augsburg-Nürnberg 50% der Stammaktien, was sich auf 30 Millionen DM zusammenrechnete. Deren Leiter sagte zum Ankauf des Traditionswerkes: »*Angesichts der Geschichte des Hauses Büssing war es mehr als eine Reverenz gegenüber einem ehemaligen bedeutenden Wettbewerber, als wir uns 1971 entschieden, den Braunschweiger Löwen als Markenzeichen für den MAN-Nutzfahrzeugbereich zu übernehmen.*« Das war damit wohl der teuerste Löwenkopf der Welt. Aber Tatsache bleibt: er ist alles, was vom Hause Büssing übrig geblieben ist. Allerdings in zehntausendfacher Ausfertigung.

Seite 84: Büssing Trambus Typ 5000 TU mit Unterflurmotor (ca. 1952). Oben: Büssing BSE 120 GT mit 156 PS Sechszylindermotor, mit einem Emmelmann-Aufbau versehen.

Die »Maschinenfabrik Augsburg – Mannheim« ist das Pionierunternehmen beim Einsatz des Dieselmotors im Nutzfahrzeugbau. Die Entwicklung eines funktionsfähigen Dieselmotors für Automobile brauchte 25 Jahre. Der Erfinder selbst überlebte diese Zeit nicht, ertränkte sich, von den Angriffen der Ingenieurskollegen zermürbt, im Ärmelkanal. Für die Firma aber war er die Grundlage des Aufstieges zum zweitgrößten deutschen Omnibushersteller.

MAN: Diesel zu Diensten

Es brauchte einen eisenbahn-verrückten Kaufmann, einen nüchternen Maschinenbauer und einen ebenso genialen wie sensiblen Erfinder, um die Weltfirma MAN ins Leben zu rufen. Den Impuls für die Entstehung des späteren MAN-Konzerns gab die Eisenbahn. Johann Friedrich Klett, ein Nürnberger Geschäftsmann, las von ihrem Durchbruch in England und nahm direkten Kontakt mit dem Eisenbahnpionier Stevenson auf. Der Klett-Partner Johann Plattner besichtigte die Dampfungetüme vor Ort und erkannte, daß in ihnen die Zukunft liegen würde. In Nürnberg kam es dann auch zur ersten deutschen Eisenbahnlinie im Jahre 1836. Sie war zwar erst einmal nur fünf Kilometer lang und führte nur in die Schwesterstadt Führt, aber diese kurze Strecke verschaffte Klett und Partner einen Standortvorteil, den sie nutzen würden, um einen noch nach 150 Jahren zu den Größten zählenden Nutzfahrzeug- und Schwermaschinenkonzern aufzubauen.

Klett etablierte schnell ein Konstruktionsbüro nebst Fabrik und wenn auch die ersten beiden Lokomotiven — Adler und Pfeil — noch aus England importiert wurden, so ließen die beiden binnen des nächsten Jahrzehnts an die 1.000 Eisenbahnen bauen. Dann trat der Firmengründer ab und

übergab die Geschäfte an seinen Schwiegersohn Theodor. Dessen Visionen machten nicht bei Schienen halt. Sein zukünftiger Partner — Ludwig Sander — saß zu dieser Zeit in Augsburg und leitete durchaus erfolgreich eine Maschinenfabrik, die voll und ganz auf die Dampfmaschine und ihre Möglichkeiten ausgerichtet war. Es brauchte einen dritten Mann für das Zusammengehen dieser beiden Industriepioniere und der fand sich. Dieser war Rudolf Diesel, geboren in Paris, wohnhaft in München, Ingenieur und Tüftler. Er beschäftigte sich schon seit Jahren intensiv mit Dampfmaschinen und ihrer bisher sehr unbefriedigenden Effizienz, die im wesentlichen begründet war im Energieausstoß, der im Verhältnis zur Energievorgabe zu gering war. Diesel ging neue Wege und entwickelte eine »Verbrennungskraftmaschine«, bei der der Kraftstoff direkt in die Zylinder geleitet wurde.

Sein Prototyp war gigantisch und hatte eine Höhe von 3,5 m, nicht gerade die Ausmaße, die selbst im riesenhaftesten Massenverkehrsmittel Platz gehabt hätte. Aber das Prinzip der neuen Maschine war einleuchtend und gut, ihre Effizienz mehr als doppelt so groß wie bei allen anderen Maschinen vergleichbaren Typs. Sie war es denn auch, die MAN eine Sonderstellung unter den Omnibusproduzenten einräumen sollte. Aber davon war natürlich noch keine Rede, als Theodor Klett und Ludwig Sander im Jahre 1898 fusionierten. Ihre neue Firma bekam den mehr als umständlichen Namen »*Vereinigte Maschinenfabrik Augsburg und Maschinenbau-*

gesellschaft Nürnberg Aktiengesellschaft«, was kaum im Gedächtnis blieb, zehn Jahre später auf »Maschinenfabrik Augsburg-Nürnberg AG« verkürzt wurde und als MAN endgültig in den Sprachgebrauch einging.

Der Dieselmotor

Rudolf Diesel wurde auch in der neuen Firma nicht glücklich. Anfeindungen diverser Wissenschaftler vergällten ihm die Arbeit, ständiger Ärger um sein Patent stürzten ihn in Depressionen und im Jahre 1913 — nach einer Serie besonder hinterhältiger Attacken — beging er im Ärmelkanal Selbstmord

Da war MAN schon lange ein Gigant auf dem Markt und die Lastwagen der Firma mehr als erfolgreich. Sie dienten auch als Unterbau bzw. Zugmaschinen für die ersten MAN-Omnibusse, gebaut für 21 bis 28 Passagiere und in der Doppeldecker-Version für etwa drei Dutzend Fahrgäste. Es war noch nicht die Zeit der Massenbeförderung und der weiten Reisen und so baute MAN im Schwerpunkt weiter Lastwagen und daneben Feuerwehr-, Tank- und Möbelwagen, Transporter und Postbusse. Schon 1916 konstruierte die technische Abteilung sogar einen Wagen mit Allradantrieb — aber da dieses Modell nicht weitergeführt wurde, muß man wohl schließen, daß es entweder sehr unvollkommen oder aber seiner Zeit ein bißchen sehr weit voraus war.

Anfang der zwanziger Jahre hatte MAN landesweite Reputation im Bereich von Sicherheit und Komfort. Aber alle technischen Entwicklungen wurden in den Schatten gestellt durch den Durchbruch zum Dieselmotor für das Automobil — 25 Jahre nach dem Bau des ersten monströsen Prototyps. Anton Rippel hieß das MAN-Vorstandsmitglied, der diese zähe, jahrelange Arbeit forcierte, Friedrich Deckel der Ingenieur, der von Diesels Idee besessen war. Das Team stand in ständigem Wettstreit mit den Konstrukteuren von Benz & Kompagnons. Bis zur Automobilausstellung in Berlin, die im Dezember 1924 wieder ihre Türen öffnete, brodelte die Gerüchteküche und am Eröffnungstag stürmte die Fachpresse fast die Stände der beiden Firmen: Da stand er, der erste MAN-Lastwagen mit Direkteinspritzung. Dieser extrem sparsame Motor veränderte zunächst das Design der MAN-Fahrzeuge. Der Erfolg war gigantisch. Eine Vorstellung kann die Expansion allein beim Chassisbau geben: 1922 wurde kaum mehr als ein Dutzend am Tag gebaut, 1926 dreißig, 1930 waren es mehr als sechzig.

Mit dem nationalsozialistischen Regime schwenkte MAN auf Militärproduktion um, baute Panzer und sogar Unterseeboote. Aber der Standort Nürnberg — immerhin Veranstaltungsort des Reichsparteitages und damit ein Symbol der Bewegung — brachte der Firma, die ja selbst nicht wenig am Faschismus partizipierte, letztendlich um die gesamten Industrieanlagen. Denn jede Bombe auf diese Stadt war eine Bombe ins Zentrum des 3. Reiches.

Seite 86: MAN-Bus mit Niederrahmenchassis vom Baujahr 1926. Trambus von MAN mit Dieselmotor, Ende der dreißiger Jahre. MAN war gemeinsam mit Daimler-Benz seit Mitte der zwanziger Jahre führend in der Durchsetzung dieses Antriebs.

Rechts: MAN-Obusgelenkzug der
Dortmunder Stadtwerke. Während
der Aufbau von Kässbohrer gefertigt wurde, stammt der elektrische
Teil von Kiepe. Die Motorleistung
entsprach 110 kw. Der Bus bot 49
Sitz- und 82 Stehplätze. 1967 verkauften die Dortmunder nach Einstellung des Obus-Verkehrs ihre
verbliebenen Gelenkbusse nach
Sofia/Bulgarien. Seite 90: Henschel 35 W 3, Baujahr 1935 mit
160 PS, Achtzylindermotor, Aufbau: Cred (Kassel).

Dortmunder Stadtwerke AG:
Seit 1925 setzt die Stadt Dortmund
Omnibusse in ihrem Nahverkehr
ein. Heute sind sie gleichberechtigt
mit der Straßen- und Stadtbahn
Träger des öffentlichen Verkehrs,
während sie zunächst nur Zubringerfunktion erfüllten. Oberleitungsverkehr fand in der Ruhr-
metropole von 1942 bis 1967 statt.
1985 wurden auf 27 Linien 148
Busse eingesetzt, für die 389 Fahrer
und 13 Fahrerinnen beschäftigt
wurden. Der letzte Schaffner versah in Dortmund übrigens bis 1979
seinen Dienst.

Auch Augsburg lag in Trümmern und so gestaltete
sich der Neuanfang mühsam.

Die Omnibusherstellung begann mit O-Bussen,
die schon 1951 in »selbsttragender Ganzstahlbauwei-
se« vorgestellt wurden. Bei diesen Modellen bestanden Grundrahmen und Aufbaugerippe aus kasten-
förmigen Profilen geringen Gewichts und hoher
Steifigkeit; die Blech- und Außenverkleidung war
mit dem Gerippe verschweißt und trug dadurch
mit. Genau betrachtet war das natürlich erst der Anfang solider selbsttragender Konstruktion, aber immerhin der Schritt in eine Richtung, der wenige
Jahre später den Omnibusbau revolutionieren sollte. Großer Erfolg war auch dem Heckbus beschieden, dessen Motor möglichst nah an die angetriebene Achse verlegt wurde. Attraktiv für die Fahrer
war dabei die Schaltung, die durch Handhebel unter
dem Lenkrad per Druckluft betätigt wurde. Gekuppelt werden mußte nur zum Anfahren aus dem Stillstand. Das in Zusammenhang mit der Niedrigbau-
weise — eine äußere Rahmenhöhe von nur 550 mm
im belasteten Zustand — machten die Generation
dieser MAN-Busse zu den erfolgreichsten der jungen Republik.

Noch immer profitierte man vom technischen
Vorsprung beim Bau von Dieselmotoren und die
Konkurrenz mußte zusehen, wie MAN ein weiteres
Werk mit einem Produktionsziel von 8.000 Fahrzeugen im Jahr errichtete, ein Produktionsziel, welches 1961 erreicht wurde. Unter solchen Umständen entstand bei der MAN schon im selben Jahr das
Interesse, die technisch stagnierenden und wirtschaftlich angeschlagenen Büssing-Werke zu erstehen. Es dauerte aber immerhin sechs Jahre, bis ein
Vorvertrag geschlossen wurde, in dem es vage hieß,
man wolle »zusammenwirken, um die Ertragsver-

hältnisse der Büssing-Automobil AG zu verbessern
und dafür zu sorgen, daß im Lastwagen- und Omnibusbau Büssing und MAN ... nachhaltig gstärkt werden.« Interessant war Büssing für MAN besonders
wegen der großen Exportverbindungen, denn gerade das Auslandsgeschäft lief nicht zur Zufriedenheit
der MAN-Oberen. Da versprach man sich einiges
von dem weltweiten Ansehen, das der »Büssing-
Löwe« genoß, zumal man ja mit der Firma auch deren weitreichende Vertretungen aufkaufte und die
Verbindungen zu den renommiertesten Nutzfahr-
zeugbauern der Welt — Scania etwa in Skandinavien
oder Steyr in Österreich. Eine der ersten gemeinsamen Konstruktionen von Büssing-und MAN-Tech-
nikern war der erste deutsche Standard-Gelenkbus
nach VÖV-Richtlinien. Im Jahre 1971 verkaufte
Büssing — jetzt schon im MAN-Besitz im Auftrag
der »American Express Company« fünf Dutzend
modernster Reisebusse an mitteleuropäischen Unternehmen. Trotz dieses und vieler weiterer Erfolge
blieb MAN im wesentlichen ein Gigant auf eigenem Terrain. Das verdeutlichen auch die Zahlen aus
der Firmenstatistik des Jahres 1985: Da setzte MAN
3,5 Milliarden DM in der Bundesrepublik um, weltweit 500 Millionen mehr. Das sind gewaltige Sum-
men, trotzdem herrscht hier wohl ein Mißverhält-
nis. 2.566 Komplettbusse entstanden in diesen 12
Monaten, 18.500 Menschen arbeiteten im Nutzfahrzeugsektor. Jedes neunte bei MAN gebaute
Fahrzeug ist ein Omnibus.

Der Name Henschel ist aus dem Bus- und Lkw-Bau längst verschwunden. Dabei kamen aus der Lokomotiveschmiede immer wieder Innovationen für den Busbau. In Kassel liebte man es vor allem, unorthodoxe technische Lösungen anzugehen: Dampfbusse gehörten ebenso wie die Fahrgestelle von Obussen lange Jahre zur Produktpalette. Der »Bimot« besaß in der Nachkriegszeit sogar zwei Motoren, um so die alliierten Vorschriften für die Leistungskraft deutscher Nutzfahrzeuge zu umgehen.

Henschel: zügig auf die Straße

Einen Namen gemacht hatte sich die Firma Henschel durch den Bau von Dampflokomotiven. In diesem Bereich stieg sie zu einem der weltweit größten Hersteller auf. Der Bau von Bussen war immer eine Nebenlinie in der Produktpalette und lag stets in der Notwendigkeit begründet, Kapazitäten auszuschöpfen.

Die Familie der Henschels kann auf eine lange Liste von Namen zurückblicken, die stets verknüpft waren mit der Kunst, aus schäbigem Erz wertvolle Metalle zu gewinnen, um daraus Fertigwaren herzustellen. Der Stammbaum reicht bis ins Kriegsjahr 1634 zum Rotgießmeister Johannes Henschel. Die Henschels waren seit Generationen schon fürstliche Glockengießer des Herzogtums Hessen-Darmstadt, eines der reaktionärsten deutschen Länder. Gegossen wurden von ihnen Glocken und Geschütze. Aber schon 1788 erdachten und konstruierten sie eine Feuerspritze, die Furore machte. 1806 schließlich goß man für die Franzosen, die zwischenzeitlich die deutschen Lande zum Teil besetzten, Kanonenrohre.

Die Manufaktur entwickelte sich stetig zur Maschinenfabrik. Früh schon richtete Carl Anton Henschel sein Augenmerk auf eine echte Innovation. Die Konstruktion von Dampfmaschinen war die technische Herausforderung am Anfang des 19. Jahrhunderts schlechthin. Borsig hatte zwar schon 1838 seine erste Dampflokomotive bauen las-

sen, aber 10 Jahre später wurde in Kassel der »Drache« der Henschels mit der Fabriknummer 1 auf die Schienen gebannt. Das kostete den Auftraggeber genau 15.686 Taler. Von da an bis zur 1.000. Lokomotive 1879 war es ein langer Weg.

Deshalb mußte man sich bis dato auch mit Kleinkram begnügen: Für das Jahr 1860 wurde ein Produkt angezeigt, was wie viele andere die Bandbreite der Herstellung bezeugt: ein nicht weniger als 10 1/2 Pfund schweres Bügeleisen. Man dachte eben schon immer an den Schwermaschinenbau. In einer Zeit, in der Frauen noch nicht einmal einen Universitätsabschluß ablegen durften, wurde Frau Sophie Henschel Prinzipalin des Unternehmens, allerdings nur, weil der Nachfolger noch zu jung war. Die Geschäftsreisen wurden weiter von den Herren getätigt: es geziemte sich nicht anders. In Frau Henschels Amtszeit wurde Henschel die größte Lokomotivenfabrik Europas. 1910 verließ die 10.000ste das Werk. Henschel baute die größten, kompliziertesten und teuersten Loks der Welt. Das Unternehmen Henschel zeichnete sich auch durch wohlmeinende soziale Gesten aus: Werkswohnungen, soziale Absicherungen etc. trugen dazu bei, daß das Wohlwollen der Arbeiter bis 1914 keinen Streik aufkommen ließ. Der Export von Dampfloks brach wegen des Ersten Weltkriegs abrupt ab, aber im Krieg wurde viel transportiert, und das Militär war ein Abnehmer für ca. tausend Dampfrösser pro Jahr. Die Exporttätigkeit konnte zwar nach dem Kriegsende 1918 wieder aufgenommen werden, aber die Nachfrage der ersten deutschen Republik ging rapide zurück. Wurden 1923 noch 400 Loks geordert, so waren es 1924 gerade 100 und 1925 = 0 Stück. Die Reichsbahn mußte nicht nur wegen der allgemeinen Wirtschaftslage sparen. Es begann das

Zeitalter des Individualverkehrs. Diese Entwicklung sah man auch bei Henschel. Da nur ein Großauftrag für Lokomotiven aus dem sich entwickelnden Rußland vorlag, wurde auf Abhilfe der Flaute gesonnen. Henschel glaubte, alles, was auf Rädern sich fortbewegte, bauen zu können — und so erblickte 1925 der erste Henschel-Bus das Straßenlicht. Bereits ein Jahr zuvor ebneten die mächtigen Straßenbaumaschinen — wahre Stahlkolosse — den Weg.

In der Firmengeschichte war seit Jahrzehnten der Bau von Lokomotiven der dominierende Produktionszweig (bis zu 90%). Dies änderte sich nun: die Nutzfahrzeuge konnten bis 1935 auf 50% aufschließen. Auch dies ein Zeichen für die Herausbildung des Massenverkehrs.

Obusse: am laufenden Band

Der Henschel-Bus von 1925 war ein Lizenzbau der Schweizer Firma Brozincevic & Co. Aber bereits 1928 konnte die erste eigene Entwicklung im Fahrzeugbau vorgestellt werden: ein 85-PS-Vergasermotor. Weitere vier Jahre später kam der Henschel-Lanova-Motor zum Einsatz: ein Diesel nach dem Luftspeicherverfahren, der den schon damals großen Vorteil des geringen Verbrauchs hatte; Treibstoff war knapp. Zunächst erbrachte der Lanova 100, später 175 PS. 1929 gab es Versuche mit Holz- und Kohlengas. Die vielfältigen Erfahrungen mit

dem Medium Dampf wollte man auch bei den Nutzfahrzeugen anwenden. Zum Einsatz kamen dafür Braun- und Steinkohleteeröfen, deren Preis aber ab 1936 so enorm anstieg, daß diese Linie nicht weiter verfolgt wurde. Boten die ersten Busse nur bescheidenen Fahrgastraum, so wurde es nun bei stärker aufkommendem Verkehrsstrom notwendig, größere Busse zu konstruieren. Nach zehn Jahren Erfahrung im Busbau reichte die Angebotspalette bei Henschel von Fahrzeugen mit 20 bis zu 60 Sitzplätzen und Motoren von 60-250 PS. Bereits 1931 wurde auf der Automobilausstellung ein 250 PS starker Dreiachser präsentiert. Die 12 Zylinder brauchten einen 6 PS starken Anlasser, um sich überhaupt in Bewegung setzen zu können. Die Maschine bestand aus zwei 6-Zylindern mit je einer Kurbelwelle, aber nur einer Nockenwelle. Die Abwärme des Motors wurde am Auspuff mittels Wärmetauschern zur Beheizung des Fahrgastraums genutzt. Der Frontlenker kam bei der Reichspost zum Einsatz und bot Platz für 60 Fahrgäste. Immer größer, immer schneller sollte es im aufkommenden Busverkehr zugehen. Da die Bahn an die Schienen gebunden war, konnte der nach individuellen Maßstäben ausgerichtete Fahrplan der Busse die Aufgaben lösen. So wurde bei Henschel ein Dreiachser konstruiert, noch leistungsstärker, mit 12 Zylindern, der 330 PS erbrachte.

Rohstoffe für die Benzin-Herstellung waren im Deutschland Hitlers knapp. So wurde 1939 der erste Oberleitungsbus (Obus) von Henschel gebaut. Die Firma wurde in Folge zusehends zum Rüstungsbetrieb, der neben Lokomotiven Panzerfahrzeuge herstellte. Da der Platz im deutschen Werk deswegen zu knapp wurde, kam es 1942 zur Verlagerung des Busbaues nach Österreich. Nach dem Zweiten Weltkrieg war Henschel zunächst Reparaturfabrik für US-Fahrzeuge. Es wurde aber schon an eigene Produktionen von zivilen Bussen gedacht. Im Juni 1945 wurde der Beschluß zum erneuten Bau eines Obus gefaßt — auf Basis des Modells von 1939. Im Dezember 1946 wurde der erste Bus ausgeliefert. Für diesen Produktionszweig wurde eigens das Werk Mittelfeld gebaut.

Hinzu kam der Bau von Aufbauten für 3,5- und 5-Tonner der General Motors. Die Chassis waren allerdings nicht neu, sondern stammten von ausrangierten US-Militärfahrzeugen. Die Benziner wurden ersetzt durch 95-PS-Diesel von Henschel, deren Produktion durch eine Lizenz der US-Besatzungsbehörden ermöglicht wurde. Langsam kam der Aufschwung. Ein Jahr nach Gründung der Bundesrepublik stellte Henschel das Spitzenmodell der Nachkriegsjahre vor: den BIMOT, ein Exot des keimenden Wirtschaftswunders. Zum Einsatz kamen wegen der Beschränkung der Leistung für einen Motor durch die Alliierten zwei 95-PS-Motoren mit jeweils 6 Zylindern, die zusammen einen Hubraum von 10.862 ccm erbrachten. Die Motoren wurden als Einheit vorn quer eingebaut. Das war das Fahrzeuggerüst, auf das vor allem Kässbohrer Aufbauten setzte. Die 40 Fahrgäste konnten sich an allem möglichen Komfort berauschen: Radio, zentrale Warmwasserversorgung, Scheibenentfroster, Leselampen, Busbar und Wasserspülung des WCs. Die Käufer dieses Luxusbusses mußten reichlich berappen: Für das Fahrgestell 36.672 DM, für den Aufbau ca. 30.000 DM. Das schlug sich auf die Preise für die noble Beförderung nieder: kaum jemals sah man einen anderen BIMOT vorbeirauschen. Für den Gast blieb das neue Gefühl: man war wieder wer.

Benzin blieb teurer als Elektrizität; deshalb wurde wohl zeitweise an den Einbau von E-Motoren gedacht. Auch Henschel zog mit und konnte 1954 den ersten deutschen Gelenkobus in selbsttragender Bauweise vorstellen. Kooperationspartner war die Waggonfabrik Uerdingen, die bereits seit 1932 fahrgestellose Obusse herstellte. Henschel steuerte die Erfahrungen aus dem Bau von 90% aller in Deutschland verkauften Fahrgestelle für Obusse bei. Die Uerdingen-Henschel-Obusse verwandten die aus dem Flugzeugbau stammende Schalenbauweise, wobei Stirn- und Seitenwände, Wagendeck und Fußboden eine tragende Röhre bilden, die eine hohe Biege- und Verdrehfestigkeit aufweist. Die Fahrzeuge fuhren ruhiger und die Sicherheit der Insassen war eher gewährleistet. Auch der Verbrauch von Energie war im Vergleich zum Benziner geringer, ebenso der Reifenverbrauch — wie in einem Werbeprospekt stolz kundgetan wurde. Die Uerdingen-Henschel-Obusse hatten noch weitere Vorzüge: bequeme Einstiegshöhe wegen niedriger Fußbodenlage, Belüftung durch Luftkanäle oberhalb der Windschutzscheiben ohne Zugluft, regulierbare elektri-

sche Heizung, große Fenster aus Sicherheitsglas, die gute Rundsicht ermöglichen und zudem luft- und wasserdicht waren. Der Obus war auf die Erfordernisse des zunehmenden Massenverkehrs ausgerichtet. Ebenso dimensioniert wie der Mittelgang und die Plattform waren die Falt- und Schiebetüren, die mittels Druckluft bewegt wurden. Der Bus war auch schneller als ein Diesel zu beschleunigen: 35 km/h erreichte er in elf Sekunden statt in 22 Sekunden wie ein Diesel. Die Anfahrbeschleunigung betrug 1,2 m/sec. Wurde auch die Robustheit betont, so dachte man trotzdem an Reparaturen, die schnell ausgeführt werden mußten. Unterhalb der Windschutzscheibe konnte eine Klappe entfernt werden, um an die elektrische Schaltanlage zu gelangen. Für größere Reparaturen konnte sie ausgefahren und auf einen vorgesetzten Bock mit Laufschienen befördert werden. Der Motor in der Unterflurlage war zwischen die Achsen gelegt. Im Mittelgang ließen sich die Klappen öffnen, so daß eine leichte Zugänglichkeit erreicht wurde. Der Uerdingen-Henschel-Obus besaß eine große Wendigkeit und konnte 4,5 m nach links oder rechts vom Fahrdraht abweichen.

Henschel heute: zurück auf sichere Gleise

Henschels Ausbau des Bussektors Anfang der sechziger Jahre war begründet durch staatliche Investitionshilfen. So ließ sich besser Geld verdienen. Dem Nutzfahrzeugbau war jedoch keine große Zukunft in dieser Firma gegeben. Er brachte dem Unternehmen dann fast den Ruin, da sich die Spezialisierung auf schwere Lkws als unrentabel erwies und kein engmaschiges Vertriebsnetz aufgebaut wurde. Kooperationsverhandlungen mit englischen bzw. französischen Unternehmen waren im Gange, als Henschel 1964 von den Rheinischen Stahlwerken übernommen wurde. Es folgte die Zusammenlegung mit der zur Rheinstahl gehörenden Hanomag in Hannover, eine Zwangsehe, die bis 1969 dauerte. Der letzte Bus wurde allerdings schon 1963 gebaut. Als Daimler-Benz dann Eigentümer wurde, kam es zur Ausgliederung der Lkw-Produktion.

Der eigene Lkw-Bau blieb Episode in der Firmengeschichte. Henschel unter dem Dach von Thyssen sieht heute seine Zukunft im Schwermaschinenbau. Schon der Anfang der Firma lag in der Fertigung von Geschoßrohren. Auch heute wird Kriegsgerät produziert und Produkte für Atomkraftwerke. Dem Verkehrswesen bleibt man verbunden — nicht nur durch die Entwicklung des ICE, sondern auch durch die Magnetbahn Transrapid.

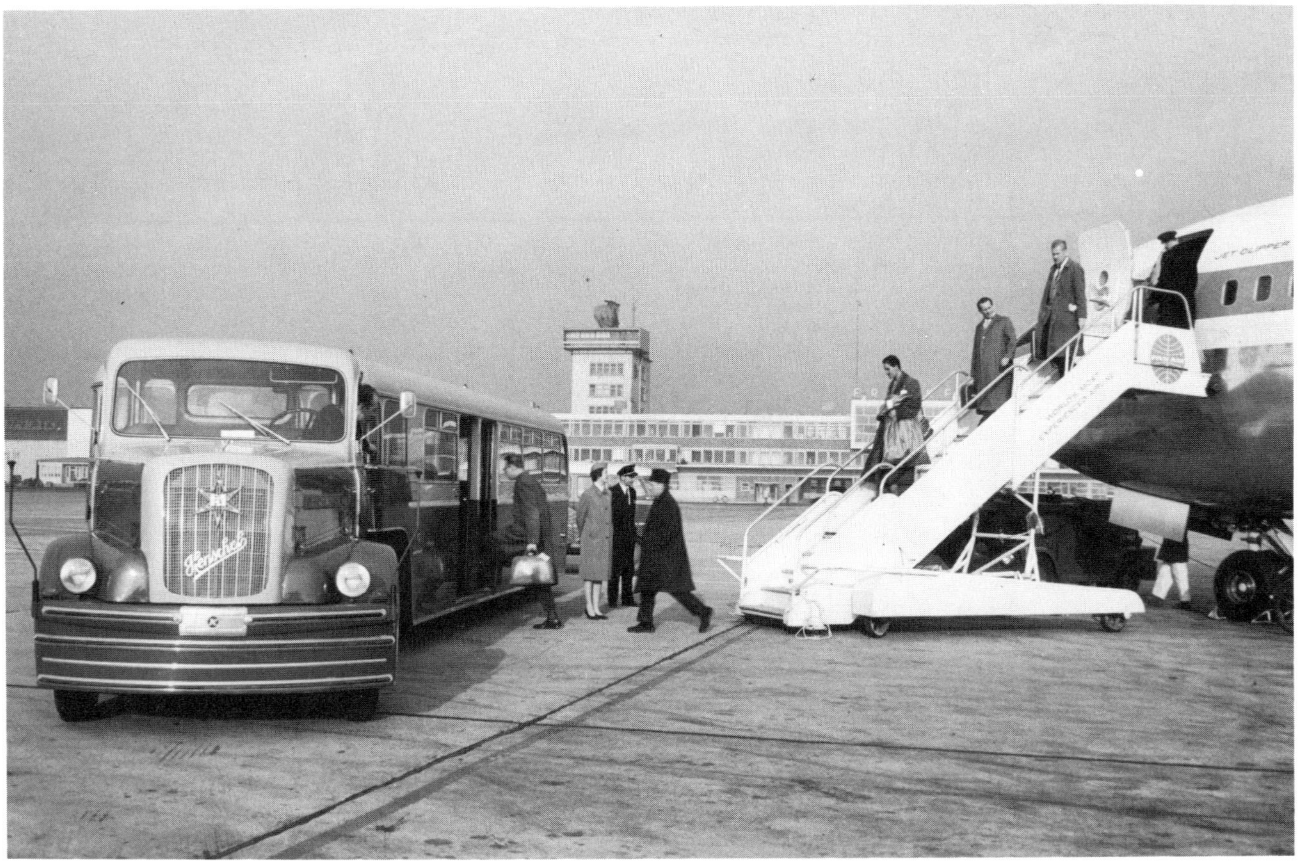
Henschel
JET CLIPPER

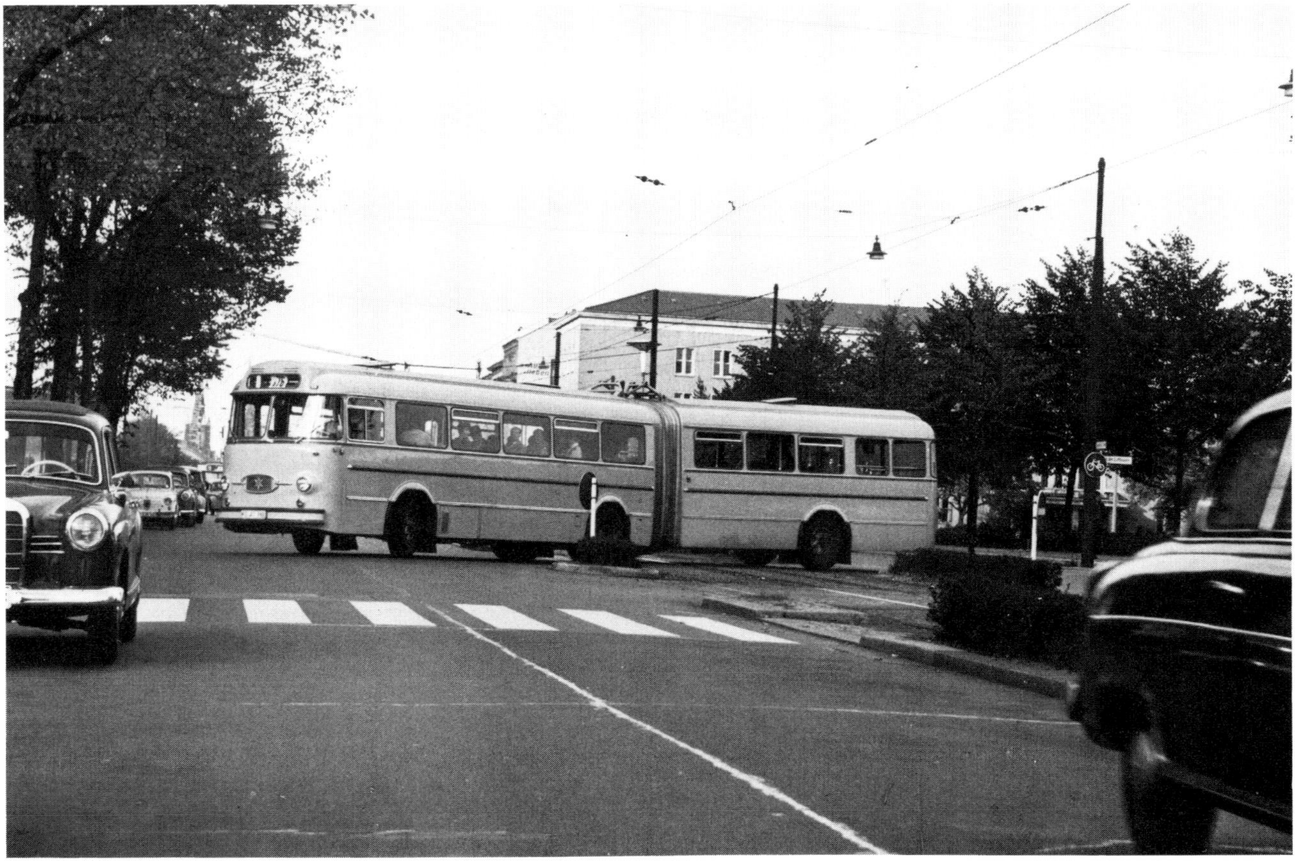

Beim Namen Krupp denken die meisten an Kanonen und die Sonne über Steele, Hausfrauen vielleicht an den flinken Krupp-Handmixer. Nur im Lager der am Steuer ergrauten Fernfahrpioniere erinnert man sich an die markanten Nasen der Krupp-Schwerlaster und den unverwechselbaren Sound von Dreizylindermotoren oder Zweitakt-Dieseln. Zudem waren die Krupp-Laster und -Busse nicht von der Ruhr, sondern aus dem Bayrischen Kulmbach. »Krupp-Südwerke« war deshalb die genaue Bezeichnung der Lkw-Abteilung des Montan-Konzerns.

Krupp Südwerke: Ungewöhnlich motorisiert

Die Omnibusse der Friedrich Krupp AG, Essen, genossen schon in den zwanziger Jahren einen ausgezeichneten Markenruf. Ab 1927/28 beherrschte der Krupp-Niederrahmenbus das Feld (3 und 5 Tonnen), der — wie die Zeitschrift »Motor« urteilte — *»durch seine charakteristische vornehme Linienführung«* auffiel. Angetrieben wurde das Busflaggschiff von Krupp seinerzeit von einem 75 PS-Sechszylinder-Krupp-Blockmotor. Das Fahrzeug verfügte über Kardan, angeflanschtes Getriebe, Linkssteuerung, Vierradölbremse und Gummifederlager. Am deutschen Omnibusexport hatte die Automobilfabrik der Friedr. Krupp Aktiengesellschaft in den dreißiger Jahren einen bedeutenden Anteil. Bei Kriegsbeginn fielen allerdings die meisten ihrer Absatzländer aus. Befriedigende Ausfuhrzahlen wurden 1941 nur noch mit Bulgarien, Jugoslawien, Ungarn und Rumänien erzielt. Aber auch in die skandinavischen Staaten, vor allen Dingen in das neutrale Schweden, wurden weiterhin größere Lieferungen durchgeführt. Naturgemäß stand in der Krupp-Nutzfahrabteilung der Lastwagen im Vordergrund, also normale Fahrzeuge und Kipper für den Güterverkehr und geländegängige Wagen für Heereszwecke. Auch waren Fahrzeuge für Holzgasbetrieb lieferbar, darunter auch Busse. 1945 planten die Alliierten die Demontage bzw. Auflösung der Firma Krupp, die zu den führenden Rüstungsschmieden Nazideutschlands gehört hatte. Die Benutzung des Markennamens Krupp wurde untersagt und Alfred Krupp von Bohlen und Halbach

wanderte als führender Rüstungsindustrieller hinter Schloß und Riegel. Bei den Nürnberger Prozessen war er zu zwölf Jahren Gefängnis verurteilt worden, brauchte seine Strafe jedoch nur bis 1951 absitzen. Von der Premiere des Krupp-Titan, dem stärksten Nutzfahrzeug der fünfziger Jahre, hörte er allerdings nur in der Haft. Das Fahrzeug wurde 1950 auf dem Pariser Salon erstmals präsentiert. Die Herstellung des PS-Monstrums erfolgte nicht in Essen, dem Stammsitz des Unternehmens, sondern in einem kleinen Zweigwerk des Krupp-Konzerns im niederbayrischen Kulmbach. Dieser Betrieb firmierte als »Südwerke«. Angetrieben wurde der »Titan« von einem Zweitakt-Dieselmotor. Die Konstruktion stammte im wesentlichen von der Dessauer Flugzeugbaufirma Junkers, die aber 1931 den Bau von Fahrzeugmotoren zugunsten des Flugzeugbaus wieder aufgab und sämtliche Lizenzen und technische Unterlagen an die Krupp-Werke veräußerte. Die Serienreife erlangte das Aggregat 1934. Es wurde jedoch ständig verbessert, wobei auch nach Kriegsende letzte Erkenntnisse des amerikanischen Fahrzeug-Dieselmotorbaus ihren Niederschlag fanden.

Der Krupp'sche ventilgesteuerte Zweitakt-Dieselmotor war hochentwickelt und leistungsstark. Im Gegensatz zum früheren Doppelkolben-System hatte die Titan-Maschine Einlaßschlitze und Auslaßventile sowie Gleichstromspülung. Da dieselbe im Omnibusverkehr erfahrungsgemäß viel im Teillastbereich arbeiten mußte, wurde sie so konstruiert, daß gerade dort der Kraftstoffverbrauch besonders niedrig war. Infolge der geringen mittleren Kolbengeschwindigkeit von nur 8m/sec., der gleichmäßigen Wärmebeaufschlagung, die einen Verzug der Zylinderlaufbuchsen ausschloß, und der dreifachen Kühlung von Kolben und Zylinder, wurde die Verschleißquote reduziert und somit die Lebensdauer des Motors erhöht. Durch die Anwendung des »Baukastenprinzips«, das eine Austauschbarkeit der Triebwerkteile aller Motortypen unter-

Oben: Krupp-Südwerke Titan SW 080 aus dem Jahr 1951. Der Aufbau des Zugs stammt von Gaubschat. Der Wagen war mit einem 210 PS Sechszylinder Krupp-Motor ausgestattet und war zu seiner Zeit der stärkste Bus auf deutschen Straßen. Seite 95 oben: Stromlinienaufbau der Fahrzeugwerke Recklinghausen auf einem Krupp-Chassis (ca. 1935). Mitte: Krupp-Omnibus OD 6,5 N 242 mit 125 PS Krupp-Dieselmotor (Lizenz Junkers). Unten: Krupp TD 4 N 332 mit vorgezogener Rechtssteuerung und Führersitz neben dem Motor. Beide Aufnahmen stammen aus dem Jahr 1939.

»Aero« – Anderthalbdecker von Ludewig auf dem Fahrgestell eines SWO 480. Seite 97: Stromlinien Magirus M 35 von 1936. Diese Alligatorenhaube behielt Magirus im Lkw-Bau als Markenzeichen bis in die sechziger Jahre bei.

einander ermöglichte, wurde die Fahrzeughaltung dort, wo Krupp-Südwerke-Omnibusse verschiedener Größenklassen eingesetzt waren, verbilligt. Weitere Merkmale der Südwerke-Omnibustypen SW O 80 und SW O 480, wie die Fahrzeuge offiziell beim Namen genannt wurden, waren das Niederrahmenfahrgestell, das eine niedrige Schwerpunktanlage und einen großen Radstand hatte, sowie die markante runde Nase im US-Kühlerlook der vierziger Jahre.

Vornehmlich für den Stadt-, Linien- und Überlandverkehr wurde die kleinere Type »SW O 60« mit 145 PS starkem Vierzylinder-Dieselmotor offeriert. Der bis zu 70 Personen fassende Omnibus eignete sich auch für Anhängerbetrieb. Sein Aktionsradius betrug mit einer Tankfüllung über 1.000 km, die Höchstgeschwindigkeit 80 km/h. Der große, bis zu 90 Personen aufnehmende Omnibus »SW O 80« hatte den schon erwähnten leistungsstarken Titan 210-PS-Zweitakt-Diesel-Motor und eignete sich besonders für den Fernreiseverkehr. Der SW O 80 war rasanter und bergfreudiger als sein kleiner Bruder. Alle Aggregate des SW O 80 hatte man bei den Südwerken entsprechend der höheren Motorleistung und dem stärkeren Fahrgestell größer und kräftiger gehalten.

Beim SW O 480 handelte es sich um einen Spezialtyp, der durch die kurze Baulänge des 145 PS-Vierzylinder-Zweitakt-Dieselmotors die Verwendung einer »Großraumkarosserie« ermöglichte. 55 feste Sitze (ohne Mittelsitze), bzw. in Anderthalbdecker-Ausführung 60 Sitzplätze, ließen sich anordnen. Bei den Großraumomnibussen O 470 FK und O 480 FK,

die 1953 auf den Markt kamen, wurde bei der Konstruktion großen Wert auf noch günstigere Raumausnutzung gelegt, was durch den niedrigen Einbau des 145 PS-Motors mit geringer Bauhöhe und der seitlichen Lage des Kühlers erreicht wurde. Sämtliche Omnibusse dieser Modellreihe wurden mit Motorkompressor als zusätzliches Bremsorgan ausgerüstet, was die Betriebssicherheit erhöhte und die Druckluftbremse entlastete. Als Antriebsaggregat fungierte der Vierzylinder-Motor mit 145 PS Leistung.

Auf der Frankfurter Automobilausstellung 1953 zeigten die Südwerke auch einen Obus, den »Elbus 100« mit einer Rahmentragfähigkeit von 11,5 to. Dieser Trolley war nach denselben Grundsätzen aufgebaut wie der O 480 FK, verfügte also über das gleiche Fahrgestell. Die elektrische Ausrüstung des Elbus 100 erfolgte durch die Siemens-Schuckert-Werke. Die Kulmbacher Busse durften Mitte der fünfziger Jahre wieder den Namen Krupp tragen und wurden bald auch wieder in Essen gebaut. Doch mit den Umsätzen schien der Stahlkonzern nicht mehr zufrieden zu sein. Noch 1962 hatten die Essener sich mit dem Lkw »Mustang« zum Zweitaktprinzip bekannt, aber auch Lkw-Fahrer — Busfahrgäste schon lange — waren anspruchsvoller geworden, wollten ruhigeren und leiseren Lauf. Anfang der sechziger Jahre stagnierte der Verkauf vollends. Man verlor in Essen die Lust am Nutzfahrzeug- und Omnibusgeschäft. 1968 wurde die Lkw-Fertigung eingestellt. Daimler-Benz übernahm einen Teil des Nachlasses. Vor allem die gut eingespielten Niederlassungen.

Magirus-Deutz: Alligatoren aus Ulm

Nicht Kraftwagen, sondern Feuerwehrgeräte stellte das Magirus-Werk aus Ulm zunächst her. Zeichen der Marke war in wilhelminischer Zeit das stilisierte Ulmer Münster. Der eigentliche Kraftwagenbau wurde dort erst 1916 aufgenommen. Nach der Entwicklung eines Verbrennungsmotors für den Antrieb von Feuerspritzen wurde seinerzeit ein Dreitonnen-Lkw herausgebracht, der drei Aufgaben zu erfüllen hatte: ein gutes Heerestransportfahrzeug, ein betriebssicheres Transportmittel für die Wirtschaft und schließlich ein brauchbares Fahrgestell für Feuerwehrwagenaufbauten zu sein.

Der erste Magirus-Omnibus verließ 1918 das Werk Ulm. Dieser 28-sitzige Bus hatte einen Benzinmotor von 40 PS Leistung und verbauchte im Durchschnitt 19 Liter auf 100 km, eine für damalige Zeit beachtliche Leistung. Einige dieser Busse legten für ihren Besitzer mehr als eine Million Kilometer zurück undd stellten die Qualität von Arbeit und Material unter Beweis. In der Wichtigkeit der Fertigung rangierte aber der Bus klar hinter den Lastwagen und den Kraftwagen für Feuerwehrzwecke. In der Nazizeit fiel Klöckner-Humboldt-Deutz, de-

nen mittlerweile das Magirus-Werk in Ulm gehörte, die Aufgabe zu, in Gemeinschaft mit Henschel und Sauerer einen 4,5- und einen 3-Tonner zu schaffen. Beide Typen gab es auch mit Busaufbauten, aber das Gros aller Chassis wurde mit Blechkleidern in Wehrmachtsgrün versehen.

Nach dem Zweiten Weltkrieg gab es eine neue Omnibusserie mit dem Magirus O 3500, in der der luftgekühlte Vierzylinder-Deutz-Dieselmotor mit einer Leistung von 90 PS eingebaut wurde. Dieser Typ stand jahrelang auf dem Fertigungsprogramm, wobei im Laufe der Zeit viele Details aufgrund der praktischen Erfahrungen und der Kundenwünsche geändert wurden. Unter anderem ergaben längere Vorderfedern eine weichere Abfederung und ein größerer Federabstand eine wesentliche Verbesserung der Kurvenlage. Der Wendekreis wurde verringert, eine Spurverbreitung von 215 mm machte sich für die Straßenlage günstig bemerkbar. Der Achsantrieb wurde verstärkt und Verbesserungen im Getriebe durch Verwendung dauernd im Eingriff schräg verzahnter Zahnradpaare erleichterten das Schalten der Buskolosse, vor allem das Rückwärtsschalten bei Talfahrten. Äußerlich fiel der Magirus-Bus O 3500 durch seine Alligator-Haube auf.

Paradestück der Magirus-Busfertigung 1951 war der Typ O 3500 als Aussichtsomnibus. Er besaß 36 Sitze und war mit dem in der Schweiz patentierten zugfreien »Hso-Cardach« aus farbigem Glas ausgerüstet. Es gewährte einen relativ blendfreien Ausblick. Das Öffnen der einzelnen Dachteile erfolgte vom Fahrersitz aus.

Magirus-Deutz: Schon lange schieben sie ihre markanten Alligatorhauben nicht mehr in das Straßenbild und lassen keine luftgekühlten Dieselmotoren den Fahrgästen die Ohren sausen. Magirus-Deutz-Busse des Ulmer Klöckner-Humbold-Deutz-Konzerns gibt es seit 1982 nicht mehr. Die deutsche Produktionsstätte in Mainz wurde in diesem Jahr geschlossen. Magirus, mittlerweile unter dem Dach des Fiat-eigenen IVECO-Konzerns, beschränkt sich auf den Bau schwerer Baufahrzeuge. Die IVECO-Busse, alle in Italien gebaut, hatten z.B. 1983 nur noch einen bundesdeutschen Marktanteil von 1,6%.

Klöckner-Deutz Bus O 330 von 1942, Seite 99: Magirus-Deutz Reisebus aus dem Jahre 1955.

Über dem Glasdach hatte man ein elektrisch betätigtes Schiebeverdeck aus gummiertem Verdeckstoff zum Schutz gegen Regen und Kälte eingebaut. Außer dem Glasdach waren auch die vordere Dachkuppel und die seitlichen Dachglasrundungen aus farbigem Glas. Die Rückwand war sogar vollständig aus Glas mit mittlerem schmalen Steg, so daß eine freie Aussicht nach hinten gegeben war. Die Höchstgeschwindigkeit des Fahrzeugs betrug 78 km/h. Ab 1954 wurde der Magirus-Deutz-Bus O 3800 auch mit Heckmotor ausgeliefert. Diese Anordnung des Motors bot diverse Vorteile. So konnte durch den Wegfall der Motorhaube die volle Fahrzeuglänge für die Unterbringung von Fahrgästen ausgenützt werden. Zudem reduzierte die Heckbauweise die Geräusch- und Geruchsbelästigung der Insassen und die Abdichtung des Motors gegen den Fahrgastraum wurde sicherer. Der Flur und damit die Einstieghöhe konnten recht niedrig über der Fahrbahn gehalten werden und die richtige Belastung von Vorder- und Hinterachse war erreicht, ohne die Notwendigkeit, die Karosserie weit über die Hinterachse hinauszuziehen. Damit verbesserten sich die Fahreigenschaften nicht unwesentlich und die Lenkarbeit wurde ohne Zuhilfenahme irgendwelcher Servo-Steuerungshilfen stark erleichtert.

1957 präsentierte Magirus-Deutz seinen Heckomnibus O 3500 H mit Pullman-Bestuhlung. In einer Presse-Mitteilung hieß es: »Der nicht nur umfangmäßig, sondern auch nach immer weiter entfernten Urlaubszielen anwachsende Omnibus-Reiseverkehr verlangt ein Höchstmaß an komfortabler Innenausstattung. Tagelanges Reisen soll den Fahrgast nicht anstrengen, vielmehr relativ frisch an den Urlaubsort bringen. Dieser Entwicklung entsprechend hat Magirus-Deutz neben den bekannten Ausführungen des Reiseomnibusses O 3500 H, mit luftgekühltem 6-Zylinder 125 PS Deutz-Dieselmotor, die Luxus-Fernreiseausführung mit Pullman-Bestuhlung und Rundumverglasung geliefert. Die niedrige Sitzhöhe der besonders weich gefederten und mit Schaumgummiauf-

lage und Kopfstützen versehene Sitze, die selbstverständlich während der Fahrt je nach Wunsch für drei verschiedene Stellungen regulierbar und nach dem Mittelgang verstellbar sind, ergeben maximalen Reisekomfort. Durch eine Erhöhung des Fußbodens mit tiefliegendem Mittelgang konnten wesentlich vergrößerte Kofferräume geschaffen werden. Somit entfällt beim Magirus-Deutz O 3500 H Luxusausführung die Maßnahme von zusätzlichen Gepäckräumen auf dem Bussdach oder in Form von Anhängern.«

Neben dem Typ O 3500 H offerierte Magirus-Deutz auch noch ein leistungsstärkeren Heckomnibus O 6500 H mit 175 PS starkem Achtzylinder-Deutz-Dieselmotor. Bei der Aufbauherstellung des Magirus-Deutz-Heckomnibusses verließen die Ulmer Konstrukteure die traditionelle Bauweise. Ihr neuer Aufbau stellte eine Leichtstahlkonstruktion aus gezogenen Profilen und verschweißten Blechpreßteilen dar. Dadurch konnte das Gewicht wesentlich vermindert und eine Raumvergrößerung durchgeführt werden. Der Unterbau der halb selbsttragenden Karosserie bestand aus Quer- und Längsträgern, die organisch verstrebt waren und mit dem Fahrgestell eine stabile Einheit bildeten. Lieferbar war der Heckomnibus neben dem schon erwähnten Luxusaussichtsbus auch als Linien- und spartanischer Stadtverkehrsomnibus. Alle drei Typen hatten neben dem Fahrer eine Flügeltür, die vor der Vorderachse und hinter der Hinterachse angeordnet waren. Die Sitzplatzzahl betrug 39. Beim Linienbus kamen unter Verzicht auf die Klappsitze im Mittelgang (8) und den doppelten Beifahrersitz 30 Stehplätze hinzu, so daß mit diesem Fahrzeug 56 Personen — wie in einer Ölsardinenkonserve — befördert werden konnten (bei Geschwindigkeitsbeschränkung auf 30 km/h sogar 67 Personen). Maximal 80 Personen durften die Magirus-Stadtomnibusse vom Typ O 3500 H befördern.

1957 änderte Magirus-Deutz die Modellbezeichnung O 3500 in Sirius um. Auch weitere neue Fahrzeugschöpfungen wurden in der Folgezeit nach Planeten benannt (»Mercur«). Mit der Zeit ging das Busgeschäft immer mehr zurück, während sich das Unternehmen bei Lkws, Feuerwehr- und Kommunalfahrzeugen weiterhin auf dem Markt behauptete. Am 1. Janur 1975 wurde der Zusammenschluß mit Fiat, OM, Lancia und Unic zur Iveco (Industrial Vehicles Corporation B.V.) perfekt, in dem Fiat den Ton angibt. 1982 geriet die IVECO-Tochter Magirus-Deutz in eine schwere ökonomische Krise. Opfer wurde das Omnibuswerk in Mainz, das im gleichen Jahr gegen den energischen Widerstand der Gewerkschaften geschlossen wurde. In Ulm werden heute noch schwere Baufahrzeuge gebaut, während alle Iveco-Busse aus Italien kommen.

Was rein muß und noch fehlt
Von A bis V

Krauss-Maffei Anderthalbdecker von 1951 mit Kässbohrer-Aufbau.

Anderthalbdecker

Die Anderthalbdecker waren die Antwort auf zweierlei: einmal die niedrigen Brückenhöhen, die Doppeldeckerverkehr unmöglich machten, und andererseits das parlamentarische Gerangel um die zulässige Gesamtlänge eines Dreiachsers. Diese Debatte dauerte Jahre, und der Essener Omnibuskonstrukteur Ludewig unterlief sie, indem er seine Busse auf nur 12 m auslegte, mit dem halben Deck mehr jedoch trotzdem 150 Personen unterbringen konnte. Die letzte Achse hatte vor allem das hohe Gewicht des hinteren Wagenteils zu tragen, während die mittlere als Antriebsachse diente.

Anhänger

Autobusanhänger beherrschten 40 Jahre lang das Straßenbild der Städte, da es erst in den fünfziger Jahren gelang, auch für Omnibusse eine selbsttragende Bauweise zu entwickeln.

Hänger von Kässbohrer (1935) für die Reichspost.

Anhänger waren für einen kostengünstigen Nahverkehr unabdingbar, da das beschränkte Platzangebot nicht ausreichte, um dem Fahrgastaufkommen zu entsprechen. Dabei spielte die optische Harmonie zwischen Anhänger und Zugwagen oftmals überhaupt keine Rolle. Hänger und Bus mußten durch eine Kettensicherung miteinander verbunden sein.

Bergmann-Busse

Die Bergmann-Elektrizitätswerke in Berlin-Wilhelmsruh zählten in der Weimarer Zeit zu den führenden Herstellern von akkubetriebenen Lkws. Aber auch Limousinen und schwere Nutzfahrzeuge mit Benzinmotoren verließen seit 1906 das Großunternehmen, das ursprünglich nur auf die Fertigung von Isolier- und Stahlrohren sowie die Glühlampenproduktion eingestellt war. Dem Umfang der Fabrikation und der einlaufenden Aufträge nach stand die Bergmann-Fabrik lange Zeit mit in der ersten Linie aller deutschen Automobilwerke

Borgward-Busse

Nachdem Carl F.W. Borgward als Wehrwirtschaftsführer zwei Jahre und zehn Monate im süddeutschen Lager Ludwigsburg interniert worden war, übernahm er 1948 wieder die Leitung über sein Firmenimperium in Bremen. Längst hatte dort sein Generalbevollmächtigter Schindelhauer, zugleich »custodian« der Alliierten, wieder die Lkw-Fertigung in Gang gebracht. In den fünfziger Jahren avancierte Borgward zu einem der führenden Nutzfahrzeughersteller Deutschlands. Zahlreiche Karosseriefirmen, wie Thiele (Bremen), Pollmann (Bremen), Ottenbacher (Biberach) oder Ludewig (Essen) versahen Borgward-Lkw-Chassis mit Busaufbauten. Besonders die Frontlenker-Type Bo 611 eignete sich für den Busverkehr und bewährte sich im Zubringerdienst für Hotels, Luftfahrtgesellschaften und Reedereien. Im Gele-

genheitsverkehr bot der leistungsfähige Frontlenkerbus, der mit dem 100.000fach bewährten Isabella-Motor oder einem robusten 42-PS-Borgward-Dieselmotor ausgerüstet werden konnte, mit 1 + 17 Sitzplätzen dem Busunternehmer eine rentable Kalkulationsbasis. Im Linienverkehr (mit Sondergenehmigung) konnten 1 + 15 Personen befördert werden. Der Bo 611 löste weitgehend die Borgward-Busse auf 2 ½ to-Fahrgestell ab, die als schnelle, sichere und wendige Reisebusse galten. Eine Höchstgeschwindigkeit von 91 km/h und eine 28prozentige Steigfähigkeit machten den 2 ½ Tonner-Bus besonders reisetüchtig. Große Rundblickscheiben ermöglichten dem Chauffeur volle »Kreuzungsübersicht« und gewährten den Gästen gute Ausblicke auf das Reiseland. Die Oberlichtverglasung gab den Blick auf hochgelegene Aussichtsgebiete frei. Der Frontlenkerbus B 2500 F schließlich konnte kleinere Reisegesellschaften bis zu 22 Personen befördern.

DKW-Kleinbus

Nach dem Zweiten Weltkrieg wurde die Auto Union AG, zu der auch die Marke DKW gehörte, entschädigungslos enteignet. Die Werke lagen in der sowjetisch besetzten Zone. In den westlichen Besatzungszonen übernahm nach dem Zusammenbruch ein Zentraldepot in Ingolstadt die Versorgung der noch laufenden DKW-Wagen. Im Januar 1949 begann eine Belegschaft von 112 Personen den Neuaufbau der Auto Union-Westen vorzubereiten. Im März 1949 wurde die erste DKW RT 125, ein kreuzbraves Motorrad, zusammen mit dem neugeschaffenen DKW-Schnellaster auf der Technischen Messe in Hannover ausgestellt. Die Marke DKW feierte ihr Comeback. Im August 1949 begann die Serienfertigung des DKW Schnellasters, den es auch in einer Busversion gab. Der DKW Typ F 89 fand in kürzester Zeit schnellen Zuspruch und war aus dem Verkehrsbild deutscher Städte in den fünfziger Jahren kaum wegzudenken, wenngleich er im Schatten des VW-Bullis stand. Trotzdem darf DKW für sich in Anspruch nehmen, mit ihrem Schnellaster

Borgward B 2000 Bus mit Ludewig-Aufbau.

Wegbereiter dieses neuen Fahrzeugtyps gewesen zu sein. Schon im Februar 1950 lief das tausendste Exemplar des Schnelltransporters vom Band. Ausgerüstet war das Gefährt mit einem 2-Zylinder-Zweitaktmotor mit Umkehrspülung und Flachkolben, der anfangs 20 PS leistete. Die Modellreihe wurde bis 1962 gefertigt, ein 1957 fertiggestellter Entwurf für einen Nachfolger ging nicht mehr in Serie. Erst die spanische Firma IMOSA bereicherte das Auto Union-Programm wieder um einen Schnellaster, der auch mit Busaufbau bestellt werden konnte.

Dreiachser

Der erste Dreiachsomnibus wurde schon 1924 vom Geheimrat Heinrich Büssing entwickelt, hatte zwei angetriebene Hinterachsen und wurde bahnbrechend im Nutzfahrzeugbau. Schon 1925 zogen die Vomag und MAN, Daimler, Henschel und Dürkopp nach. Die Tragfähigkeit der Busse vergrößerte sich durch die neue Achsauslegung enorm: Schon 1928 konnte etwa ein Dreiachser der Berliner Verkehrs AG 134 Personen aufnehmen.

Einmann-Omnibusverkehr

Mitte der fünfziger Jahre setzte sich auf immer mehr Strecken im Stadt- und Linienverkehr der Einmannverkehr durch. Aufgrund schlechter Ertragslage der Verkehrsbetriebe rationalisierten diese durch Umstellung auf Einmannbetrieb. Um den Fahrplan halten zu können, ist beim Einmannbetrieb die Verlustzeit an den Haltestellen von beachtlicher

Bedeutung. Hier muß der Fahrer als Schaffner die Fahrgäste abfertigen. Technisch gesehen erfordert der Einmannbetrieb eine Fahrzeug-Konstruktion, die zum einen günstigen Fahrgastfluß berücksichtigt und zum anderen mit Einrichtungen ausgestattet ist, die die Mehrleistung des Fahrers in seiner Tätigkeit als Schaffner erleichtern. Oftmals besteht die Schaffnertätigkeit des Fahrers heute nur noch im Schließen und Öffnen der Tür. Die Fahrgastabfertigung entfällt, da die Fahrgäste sich in Vorverkaufsstellen Fahrscheine besorgen und selbst entwerten.

DKW Typ F 89

Dreiachser von Büssing 1930

Faun

1918 fusionierte die »Nürnberger Feuerlösch-
geräte-, Automobillastwagen- und Fahrzeugfabrik« mit der »Fahrzeugfabrik Ansbach«
zur neuen Firma »Fahrzeugwerke Ansbach
und Nürnberg A.-G.«, kurz: FAUN genannt.
Dieses Unternehmen fertigte neben Kommunalfahrzeugen (insbesondere Feuerwehren)
auch schwere Lkws, Zugmaschinen und
Kranwagen. Mit Bussen trat das Unternehmen nach dem Zweiten Weltkrieg auf den
Plan. 1950 verließen das neue Faun-Werk in
Lauf a.d. Pegnitz neben einem Omnibus-Sattelschlepper für 80 - 100 Personen gleichfalls
Niederrahmenomnibusse, die auch den Anforderungen des Omnibusanhänger-Verkehrs
gewachsen waren. Der Faun-Omnibus vom
Typ 07V mit 6 m Radstand bzw. 09V mit
6,9 m Radstand bot im Reiseverkehr bis zu 48
bzw. 55 Sitzplätze. Im Linienverkehr war die
Beförderung von 70 bzw. 90 Personen möglich. Die Niederrahmenausführung hatte den
Vorteil einer günstigen Einstiegshöhe und guter Straßenlage. Ausgerüstet war das Fahrgestell mit dem 150 PS-Faun-Dieselmotor F6M
517. Dieser Motor, der nach dem Fahrgastraum wärme- und schalldicht isoliert war,
konnte — da auf eigenem Rahmen sitzend —
bei Wartungsarbeiten und Reparaturen relativ mühelos nach vorn ausgefahren werden,
so daß der Fahrer oder Mechaniker das kom-
plette Antriebsaggregat völlig frei vor sich stehend umgehen konnte. Eine Besonderheit
war auch das elektromagnetisch geschaltete
Getriebe mit 6 Vorwärtsgängen und 1 Rück-
wärtsgang, welches in Gemeinschaft zwischen der Zahnradfabrik Friedrichshafen
und den Faun-Werken entwickelt wurde. Die
Höchstgeschwindigkeit des Busses betrug 80
km/h. Nach der Übernahme der Fahrzeugfabrik Willy Ostner in Sulzbach-Rosenberg
1955 entwickelte Faun einen Kleinbus, der
weitgehend auf dem Ostner Rex-Wagen basierte. Der Aufbau wurde von Mikafa bezo-

Oben: FK 1000, unten: Ford-Bus mit Kässbohrer-Aufbau von 1955

Schie-Stra-Bus von Faun

gen. Allerdings stellte sich schnell heraus, daß
die Fertigung des 15sitzigen Gefährts kaum
lohnte, so daß schon ein Jahr später der Faun-
Bus vom Typ Rex 18 wieder aus dem Programm verschwand. Kaum mehr Erfolg hatte
der Faun F 24 mit 55 PS-Vierzylinder-Motor
des Ford 15 M. Zwar war er mit seiner Dach-
rundverglasung eine elegante Erscheinung
und bot Platz für 22 Fahrgäste, aber er blieb
ein Außenseiter.

Ford FK 1000

Im März 1953 kam der achtsitzige FK 1000-
Kleinbus auf den Markt. Das Kölner Ford-
Werk bezeichnete ihn offiziell als Kombiwa-
gen. Im Vergleich zur anderen Kleinbuskon-
kurrenz, also VW, Gutbrod, Goliath und
Tempo, besaß der Ford FK 1000 mit 38 PS
den stärksten Motor, war wahlweise mit Drei-
und Vierganggetriebe lieferbar und hatte mit

915 kg die größte Nutzladefähigkeit, was der
Mitnahme von Gepäck zugute kam. Der 1,2
Liter-Motor entsprach dem Aggregat im
»Taunus«-Pkw und verlieh dem Bus eine Spitzengeschwindigkeit von 95 km/h. Die selbsttragende Karosserie des FK 1000 stammte
übrigens vom Karosseriewerk Drauz, Heil-
bronn. Ab April 1955 konnte der FK 1000
wahlweise auch mit dem 55 PS-Motor des
Ford 15 M gewählt werden. Im Januar 1958
wurden die Winker durch Blinker ersetzt. Als
Bus war der FK 1000 mit 1,2 Liter-Motor nur
bis Januar 1960 erhältlich, dann nur noch mit
der stärksten Maschine. Später offerierten die
Kölner Autobauer ihren Kleinbus als Acht-
sitzer-Spezial mit Luxus-Ausstattung. 1965
ging die Fertigung zu Ende. Der völlig neu
konzipierte Ford Transit trat die Nachfolge
an. Gebaut wurde er im Ford-Werk South-
ampton sowie im belgischen Zweigwerk
Genk. Als Bus gab es den Ford Transit mit 8,
9 und 12 Sitzen. Ab 1978 auch als langen 15-
Sitzer.

Gaubschat

»Wir arbeiten mit am Wiederaufbau!« — So
stand es im August 1945 in großen Lettern
über der backsteinernen Eingangspforte zu
den Gaubschat-Fahrzeugwerken in Berlin-
Neukölln. Aus einem Trümmerhaufen versuchte eine durch die Kriegszeiten arg dezi-
mierte Belegschaft, wieder einen Betrieb zu
machen. 1946 fanden schon wieder 160 Mitarbeiter Beschäftigung bei Gaubschat. Da
standen stark mitgenommene Straßenbahn-
wagen neben granatendurchsiebten Autobussen, da fand man kleine Handwagen neben
modernen dreiachsigen Lkws in Reparatur.
Auftrieb erhielt das Unternehmen, wo einst
die Vergasungswagen der Nazis gebaut wurden, ab 1949 durch Aufträge der Bundespost
und der Bundesbahn. Auch andere Kunden
waren von großer Bedeutung: besonders die
Berliner Verkehrsgesellschaft (BVG). Zunächst hatte die BVG zehn Trambusse in Auftrag gegeben. Sie verfügten jeweils über 34
Sitz- und 26 Stehplätze, wovon 18 auf den hinteren Perron fielen. Die Fahrgestelle stammten natürlich nicht aus Gaubschat-Fertigung,
sondern kamen als »Rohlinge« über die Tran-
sitautobahn von Büssing. Es handelte sich um
Büssing-Trambus-Chassis mit Unterflurmotoren. Einer der interessantesten Aufträge der
Nachkriegszeit war ein Luxusomnibus für
die Interzonenbusfirma »Ost – West«. Die Karosserie dieses Reisebusses, erstmals präsentiert auf der Technischen Messe in Hannover
(Mi 1950), ruhte auf einem Büssing-Fahrge-
stell, Typ 5000 TU mit Unterflurmotor (135
PS). Eine Novität waren die 36 bis zur Schlaf-
stellung verstellbaren Ledersessel mit Kopf-
und Ohrenbackenpolstern, deren Mechanis-
mus von jedem Passagier selbst bedient werden konnte. *»Reiseluxus im Omnibusverkehr«*
lautete fortan die Devise der Gaubschat-Wer-
ke. Gaubschat war überzeugt, mit seinen »D-
Zügen der Landstraße« die richtige Lösung
gefunden zu haben. Nachdem jedoch Aufträge westdeutscher Abnehmer in den sechziger
Jahren mehr und mehr ausblieben, geriet
Gaubschat in Abhängigkeit von BVG-Aufträ-
gen für Doppelstockbusse. Die Belegschaft
sank von 700 Mitarbeitern 1954 auf 95 im Jahre 1975. Am 1o. November 1975 meldete die
Gaubschat-Fahrzeugwerke GmbH beim
Amtsgericht Charlottenburg wegen Über-
schuldung und Zahlungsunfähigkeit Konkurs an. Beendet wurde auf Geheiß des Kon-
kursverwalters nur noch das letzte Auftrags-
paket der BVG — darunter der tausendste
Bus, den Gaubschat nach Kriegsende für die
Berliner gefertigt hatte.

Gelenkbus

In den fünfziger Jahren begann man, darüber
nachzudenken, wie man das Verhältnis Fahrgast / Personal günstiger gestalten könne, da
ja neben dem Fahrer immer auch ein Schaffner mitfuhr. Der zuerst vier-, dann dreiachsige Gelenkbus sollte der Omnibustyp werden,
der durch doppelt breite Eingangstür und neu
entwickelte Türautomatiken den Einmannbetrieb auch im Linienverkehr ermöglichte.

Oben: Büssing 6000 T von Gaubschat karossiert.
Unten: Gaubschat Gelenkzüge.

Goliath Express

Goliath

Das Goliath Werk GmbH war der David innerhalb der Borgward-Firmengruppe. Ihren ersten — und praktisch einzigen — Erfolg landete sie kurz nach der Währungsreform mit dem anspruchslosen Goliath-Dreiradwagen. Dieser löste das Pferd ab und schenkte seinen Besitzern jeden Tag ein paar Stunden Schlaf mehr. Die vierrädrigen Goliath-Lieferwagen taten sich dagegen schwer auf dem Kleintransportermarkt, den vor allem der VW-Bulli beherrschte. Dabei war der Goliath-»Express«, besonders als achtsitziger Bus mit 29-PS-Einspritzmotor durchaus eine gelungene Konstruktion mit formschöner Linienführung. In dieser Ausführung wurde das Fahrzeug ab Sommer 1955 geliefert. Rundumverglasung, zusätzliche Dachrandfenster, reichlicher Chromschmuck und Hochglanzlackierung zeichneten den luxuriösen Goliath-Bus aus, der sich besonders für Ausflugsfahrten von Vereinen, kleinen Gesellschaftsreisen und Zubringerdienste eignete. 1957 wandte sich Goliath vom wenig prestigeträchtigen Zweitaktprinzip ab und rüstete seine »Express«-Modelle mit einem neu entwickelten 1,1-Liter-Vierzylindermotor aus. Im Zuge der Umgruppierung der Borgward-Firmengruppe, zu der das Goliathwerk gehörte, durfte sich das Vehikel »Borgward Express 1100« nennen (ab Herbst 1960), doch da war der Zusammenbruch des Borgward-Konzerns schon abzusehen.

Großraumbus

Großraumbusse gab es schon in den dreißiger Jahren mit den damals riesenhaften Ausmaßen von fast 20 m Länge für 170 Fahrgäste. Diese Autobusse wurden im wesentlichen im Überlandverkehr eingeplant, z.B. als doppelstöckige Sattelschlepperautobusse in Dresden und Berlin. Es blieben aber Einzelkonstruktionen, eine größere Serie dieser Giganten wurde nie aufgelegt.

Gutbrod

Von 1950 bis 1954 baute auch die Firma Gutbrod in Stuttgart-Plochingen als Variante ihres Gutbrod Atlas 1000 einen Achtsitzer-Kleinbus. Der als »Hotel-Omnibus« bezeichnete Zweitakter besaß an der rechten Wagenseite zum bequemen Einstieg drei Türen und kostete bei Erscheinen 8.4000,- DM. Der 662 ccm-Motor entwickelte 18 PS und beschleunigte bis auf 65 km/h. Ab 1952 in finanziellen Schwierigkeiten, stellte Gutbrod 1954 den Automobilbau ein. Heute tragen vor allem Rasenmäher den Namen der Marke.

Gutbrod Atlas 1000

Gyrobus

Straßenbahnen und Trolleybusse sind zwar bewährte Verkehrsmittel; sie haben jedoch den Nachteil, daß sie an Schienen und Oberleitungen gebunden, also nicht freizügig sind. Überdies erfordern Schienen und Oberleitung einen erheblichen Kapitalaufwand. Auf der Deutschen Verkehrsausstellung 1953 in München wollte die Maschinenfabrik deshalb Abhilfe bringen und präsentierte den Obus ohne Oberleitung: den Gyrobus, der einen Schwungradantrieb besaß. Das Fahrzeug konnte mit gewöhnlichem Netzstrom aufgeladen werden; es benötigte also keine besondere Stromart, wie für Straßenbahnen und Trolleybusse erforderlich, demnach auch keine Umformstationen mit maschineller Ausrüstung, zugehöriger Bedienung und Verteilleitungen. Der Wegfall einer Oberleitung sollte das Einrichten einer Gyrobus-Verkehrslinie mit kleinem Kapitalaufwand ermöglichen. — Wie funktionierte der Gyrobus? Näherte sich der Gyrobus einer Endstation, so

betätigte der Fahrer einen Steuerhebel, worauf sich die drei Kontaktruten auf dem Dach hochstellten und an der Haltestelle an den Lademast anlegten. Das Herausschwenken zweier seitlich angebrachter Kontaktarme bewirkte die Schutzerdung des Fahrzeugs und gleichzeitig das Verbinden der Ladekontakte mit dem Drehstromnetz. Während die Fahrgäste ein- und ausstiegen, wurde »Energie getankt« und einem Kurzschlußankermotor zugeführt, der auf einem Schwungrad von 1,6 m Durchmesser und 1500 kg Gewicht aufgebaut war. Dieses Schwungradaggregat, genannt »Elektrogyro«, lief in einem mit Wasserstoff (von 0,1 at Druck) gefüllten, ge-

schlossenen Gehäuse und war federnd in der Wagenmitte aufgehängt. Die volle Aufladung war beendet, sobald die Drehzahl 3000 U/min erreichte, wofür je nach Umständen 30 bis 180 Sekunden notwendig waren. Die seitlichen Kontaktarme wurden eingeschwenkt und die Fahrt fortgesetzt; die drei Dachkontakte konnte man auch erst nach der Abfahrt einziehen. Die Hinterachse des Gyrobus wurde von einem besonderen Triebmotor, einem polumschaltbaren Dreifach-Kurzschlußmotor angetrieben, der sechs verschiedene Geschwindigkeitsstufen ermöglichte. Nach Zuschalten des Triebmotors zum Elektrogyro wurden Kondensatoren parallelgeschaltet, bis sich genügende Spannung (= Anzugskraft) durch Selbsterregung einstellte. Der Motor am Schwungrad wurde so zum Generator und vermochte die im Schwungrad aufgespeicherte Energie wieder in Elektrizität zu verwandeln. Der Gyrobus konnte auf ebener Strecke im Normalbetrieb etwa 6 km zurücklegen, auf Steigungen entsprechend weniger. Er konnte elektrisch bremsen und die Bremsenergie ohne zusätz-

Hanomag 14/1 Bus mit 50 PS-Motor in Luxusausführung aus dem Jahre 1951.

lichen Bedienungsaufwand zum Teil dem Schwungrad wieder zuführen. Das Schwungrad leistete während der Fahrt die Transportarbeit und lief nach und nach langsamer, um eine Energiereserve zu haben, wurde es schon nach Absinken auf etwa 2000 Umdrehungen pro Minute, teils an größeren Haltestellen, besonders aber an den Endstationen wieder in Schwung gebracht, d.h. wieder auf 3000 U/min beschleunigt. Bei einer Stockung im Straßenverkehr oder bei einem normalen Halt lief das Schwungrad einfach leer und verlor dabei nur wenig Energie.

Hansa-Lloyd-Busse

Anfang 1914 fusionierten die Hansa-Werke in Varel mit der Norddeutschen Automobil- und Motoren-Aktiengesellschaft (Namag), Bremen, zur Hansa-Lloyd- Werke Aktiengesellschaft. Der Sitz der neuen Firma war in Bremen. Am Ufer der Weser entstand eine gewaltige Fabrik, die zeitweise über 5000 Perso-

nen beschäftigte. Neben repräsentativen Luxusfahrzeugen, Express-Lastwagen, Elektromobilen und Elektrokarren wurden auch Omnibusse hergestellt. Die Hansa-Lloyd-Busse erlangten vor allem durch ihre großen Lieferungen an die Reichspost und an zahlreiche Omnibusunternehmungen des In- und Auslandes Bekanntheit. 1928 lieferte das Unternehmen als kleinsten Typ einen 20sitzigen Bus mit Vier- und Sechszylindermotor; die größere Type für bis zu 30 Personen besaß einen Sechszylindermotor unter der Haube. Spitzenmodell war der Niederrahmentyp mit tiefgelegtem Schwerpunkt, dessen Haupteigenschaft äußerst ruhiger Gang und vergleichsweise niedriger Kraftstoffverbrauch waren. Außerdem offerierte Hansy-Lloyd einen Dreiachser-Bus, der auf der Internationalen Automobilausstellung 1928 in Berlin erstmals gezeigt wurde. Nicht durchzusetzen vermochten sich die Hansa-Lloyd-Elektroomnibusse. Sie waren in ihrem Aktionsradius zu sehr begrenzt und wegen der schweren Akkus auch sehr langsam. Während der Weltwirtschaftskrise erwarb Carl F.W. Borgward

das traditionsreiche Unternehmen und setzte den Omnibusbau zunächst unter der Markenbezeichnung Hansa-Lloyd, später unter eigenem Namen fort.

Hanomag

Auf der Basis des zweisitzigen Hanomag- »Kommißbrot« offerierte die Hannoversche Maschinenbau A.-G. 1925 ihren ersten Kleinbus mit Platz für 10 Personen. Für die Konstruktion zeichnete Oberingenieur Carl Pollich verantwortlich. Es handelte sich um ein Frontlenker-Vehikel mit Einzylinder-Viertaktmotor. In den nachfolgenden Jahren widmete das Hannoveraner Traditionsunternehmen sein Augenmerk vor allem dem Pkw-Bau. Erst 1950 nahm die Hanomag wieder die Fertigung von leichten Lkw-Chassis auf. Auf dem Brüsseler Salon präsentierte das Werk im gleichen Jahr auf der Basis seines 1,5 to-Fahrgestells seinen 18sitzigen Luxusomnibus mit großzügiger Rundumverglasung und der

Klatte Leichtbus TK 115

markanten »Alligatorhaube«, unter der ein robuster Viertakt-Diesel kräftig nagelte. Die Ausstattung des Busses umfaßte Ledersitze mit Kopfstützen und ein riesiges Schiebedach. Der Gepäckraum befand sich im Wagenheck. Ab 1952 wurde der Bus auch auf dem 2,5-Tonnen-Fahrgestell geliefert und bot dann Platz für 22 Fahrgäste. 1958 kam der Frontlenker-Hanomag »Kurier« auf den Markt, der schon Pkw-ähnliche Fahreigenschaften besaß. Als Bus reüssierte er jedoch nicht. Mehrmals änderten sich in den fünfziger und sechziger Jahren die Besitzverhältnisse bei der Hanomag. Als Rheinstahl-Hanomag liefen mehrere Frontlenkergenerationen im ehemaligen Borgward-Werk in Bremen Sebaldsbrück vom Band, darunter auch Kleinbusversionen. Ab September 1969 lautete die Markenbezeichnung Hanomag-Henschel. Ab 1970 trug deren Typenreihe zum Teil den Mercedes-Stern am Kühlergrill. Im Februar 1975 ging die Fertigung der Hanomag-Henschel-Transporter — und damit auch der Kleinbusse dieser Marke — endgültig zu Ende.

Klatte

Die Firma Theodor Klatte, Bremen-Huchting, wurde 1928 gegründet und betätigte sich neben dem Omnibusbau auch in der Fertigung von Fahrzeugheizungen. Anfang der fünfziger Jahre präsentierte Klatte seinen Bustyp TK 115, der ein auf Schienen ausfahrbares »Schnellwechseltriebwerk« mit luftgekühltem Deutz-Diesel-Motor von 175 PS und ZF-Medi-Getriebe 6 M 50 S mit elektrischer Lenkradschaltung besaß. Der freitragende Karosserieaufbau war aus Leichtmetall. Während die bulligen Klatte-Busse nur schwer Abnehmer fanden, brachte sich 1953 das Unternehmen durch sein hydrostatisches Getriebe ins Gespräch, für das sich auch in starkem Maße Militärs interessierten. Ein Klatte-Prospekt 1953: »Für Fahrzeuge aller Art, auch für Panzerfahrzeuge, schafft diese Antriebsart vollkommen neue Perspektiven, da hierbei außer Schlauchleitungen sämtliche Kraftübertragungsaggregate wie Kardanwelle, Getriebe und Differential fortfallen. Es ist beispielsweise vollkommen gleichgültig, wo bei einem Omnibus mit Anhänger der Motor placiert wird, ob in der Zugmaschine oder im Anhänger, ob auf dem Dach oder im Boden, ob vorne oder hinten, immer lassen sich die Schlauchleitungen zu den Rädern führen. (...) Seit der Erfindung des Automobils ist es der Wunschtraum der Automobilbauer, ein Getriebe zu schaffen, welches stufenlos das Motordrehmoment entsprechend dem Fahrzustand verändert. (...) Eine Lösung auf hydraulischer Grundlage zeigt der Wagen der Firma Theodor Klatte, Bremen.« Bei dem mit einem hydrostatischen Antrieb ausgerüsteten Bus-Prototyp war im Heck ein serienmäßiger Dieselmotor eingebaut, der eine Öldruckpumpe antrieb. Das Drucköl dieser Pumpe wurde durch Rohrleitungen durch den Wagenkasten zu den Rädern geleitet, in welchen jeweils ein Ölmotor eingebaut war, so daß jedes Rad seinen eigenen Antrieb hatte. Dieser Ölmotor arbeitete nach demselben Prinzip wie die am Antriebsmotor angebaute Öldruckpumpe. Je nach der Geschwindigkeit des Fahrzeugs änderte sich die umlaufen-

de Ölmenge. Bei hohen Fahrzeuggeschwindigkeiten war eine große Ölmenge notwendig, bei kleinen Fahrzeuggeschwindigkeiten sinngemäß eine kleine. Die umlaufende Ölmenge regelte sich stufenlos und selbsttätig. Jedes Schalten, wie es bei Zahnradgetrieben notwendig war, wurde dadurch überflüssig. Zumindest laut Klatte-Werbung. Außerdem konnte die Anlage gleichzeitig zum Bremsen des Fahrzeugs benutzt werden. Nach Meinung der Klatte-Ingenieure hatte der hydrostatische Antrieb gegenüber den herkömmlichen Antrieben für Omnibusse folgende Vorteile: »Schnelles Anfahren, stufenlose Regelung, günstiger Kraftstoffverbrauch, von der Lage der Fahrzeugachsen unabhängige Anordnung des Verbrennungsmotors mit Ölpumpe, Allradantrieb, auch Antrieb aller Anhängerachsen vom Triebwagen aus möglich, geringer Verschleiß, große Laufruhe, hohe Bremsleistung mittels Ölmotoren.«

Krauss-Maffei

Der erste Omnibus von Krauss-Maffei in München-Allach verließ das Werk im Februar 1946. Es handelte sich um den ersten deutschen Heckbus. Das Fahrzeug wurde argwöhnisch bestaunt, und in Fachkreisen bezweifelte man lange Zeit, ob es dem Unternehmen, das sich primär als Lokomotivhersteller in der Vergangenheit einen guten Namen gemacht hatte, gelingen würde, eine größere Serie der unorthodoxen Heckbusse abzusetzen. Es gelang, denn bis Ende 1946 waren 57 Fahrzeuge geordert. 1950 stieg der Jahresausstoß auf 400 Wagen. Im Januar 1951 feierte das Werk den 1000sten Krauss-Maffei-Bus. Die Fachzeitschrift »Omnibus-Revue« schrieb zum KM-Busbau: »Als sich kurz nach dem Kriege die Werksleitung mit ihren Konstrukteuren zusammensetzte, um über die technische Lösung der nun einmal beschlossenen Aufnahme des Baues von Omnibussen zu beraten, fiel nach reiflicher Überlegung die Wahl auf den »Heckbus«. Keinerlei Vorbild dafür war in Deutschland vorhanden, jedoch hatte das Ausland, insbesondere Amerika, mit dieser Art des Antriebes in der Zwischenzeit sehr gute Erfahrungen gemacht, so daß man mit Recht glaubte, auch in Deutschland diesen Weg beschreiten zu können.« Die erste Krauss-Maffei-Omnibustype KMO 130 war mit einem 6-Zylinder-Otto-Motor (Lizenz Maybach / 130 PS) ausgerüstet. Alsbald aber machten Gründe der Wirtschaftlichkeit den Einbau eines Dieselmotors notwendig. Das Selbstzündermodell lief unter der Typenbezeichnung KMO 131 und verfügte über 37 (statt bislang 34) Sitzplätze. Durch Verlängerung des Fahrgestells

Krauss-Maffei-Bus, Baujahr 1960, noch heute in Dortmund als Fahrschulwagen eingesetzt.

Lloyd, LT Bus

und des Aufbaus des Krauss-Maffei-Busses konnte es bis Ende 1950 auf 43/1 Personen hochgeschraubt werden. In der Mehrzahl wurden die Aufbauten auf die Krauss-Maffei-Omnibusse von den Firmen Rathgeber, Vetter, FKF, Kässbohrer, Wankmüller usw. hergestellt. Anfang 1951 aber ging das Unternehmen auch dazu über, eigene Blechkleider für seine Busse zu schneidern. Neben Omnibussen für Stadt- und Überlandverkehr umfaßte das Produktionsprogrmm von Krauss-Maffei ebenfalls Oberleitungsomnibusse (Typ KME 130). Auch hier war der Antriebsmotor im Wagenheck untergebracht. Die elektrische Einrichtung der Trolleys wurde von BBC oder Siemens besorgt. Im April 1951 sorgte Krauss-Maffei für weiteres Aufsehen. Das Münchner Werk stellte ihren aerodynamisch gestylten Leichtbus vor, mit dem Krauss-Maffei maßgeblichen Einfluß auf die weitere konstruktive Gestaltung deutscher Omnibusse der fünfziger Jahre nahm. Der »KM-Leichtbus« war frei von schweren Rahmenlängs- und -querträgern und besaß ein selbsttragendes System. Er wurde unter Mitarbeit von Professor Focke, dem bekannten Flugzeugkonstrukteur, bei den Nordwestdeutschen Fahrzeugwerken in Wilhelmshaven herhestellt. Als Kraftquelle des KM-Leichtbusses diente ein Kämper-Dieselmotor vom Typ 4 D 10 H. Die Kraftübertragung erfolgte per Kardan. Nach der Wiederaufrüstung Westdeutschlands und der Gründung der Bundeswehr zog sich Krauss-Maffei vom Busbau langsam zurück und widmet sich heute in großem Maße Rüstungsaufträgen.

Lloyd LT-Busse

Mit dem legendären »Leukoplastbomber« gelang den Lloyd Motoren Werken in Bremen schon zu Anfang der fünfziger Jahre ein enormer Verkaufserfolg – trotz kunstlederbezogener Sperrholzkarosserie. Um das Fassungsvermögen der zweitürigen Kleinwagenlimousine zu erhöhen, brachten die Lloyd-Werke von

Juli 1951 an eine Kombiversion auf den Markt. Aber eine gravierende Erhöhung des Nutzwertes des populären Lloyds wurde erst mit den fahrzeugen der LT-Reihe erreicht, den es auch als Kleinbus (»Großraum-Personenwagen«) gab. Die ersten Kleinbusse dieses Typs gingen Ende 1952 in Serie — sie besaßen hölzerne Seitenwände und Sperrholzdach (offiziell: »Gemischtbauweise auf Stahlblechunterzug mit kunstharzdurchtränktem 7fach gesperrtem Hartholz beplankt«), gebläsegekühlten 386 ccm-Zweizylinder-Zweitaktmotor (13 PS), unsynchronisiertem Dreigang-Getriebc und Frontantrieb. 4675 DM betrug der Preis für den Lloyd-Bus. Abgesehen vom Fiat Multipla, der sich auf dem deutschen Markt nicht durchzusetzen vermochte, gab es keine Alternative zu den gradlinigen Kleinbussen von der Weser. Der Tempo Wiking und der VW-Bus waren schon wieder zwei Nummern größer — und teurer. Der Lloyd LT-Bus bot Platz für sechs Personen. Bis auf den linken Vordersitz waren alle Sitze mit Flügelschrauben am Boden befestigt. Sie konnten also bei Bedarf leicht entfernt werden, etwa um sperrigem Gepäck Platz zu machen. Während die Lehne der Rückbank bei der Normalausführung unmittelbar an die Hecktür angrenzte, blieben bei der Ausführung mit verlängertem Fahrgestell noch 50 cm Stauraum. Mit dem Borgward-Konkurs endete die Lloyd-Kleinbusfertigung.

NWF-Stromlinienbus

In den fünfziger Jahren stellte die Nordwestdeutsche Fahrzeugbau GmbH Stromlinienbusse her, deren Blechkleider dem Betrachter noch heute wegen ihrer ungewöhnlichen Linie den Atem verschlagen. Gegründet wurde das Unternehmen 1946. Es residierte in Wilhelmshaven-Mariensiel, nahe der Mündung der Ems in die Nordsee.

Wesentliche Impulse für den Busbau bei NWF gingen von dem Hubschrauberpionier und Flugzeugkonstrukteur Prof. Heinrich Focke aus. Seine im Flugzeugbau gewonnenen Erkenntnisse des Leichtbaus wandte er konsequent auf den Omnibusbau an. Beim NWF-Bus verzichtete man auf jedes überflüssige Gewicht und bediente sich der leichten und stabilen Zellenbauweise. Das Gerippe des Fahrzeugs wurde selbsttragend. Karosse und Chassis, wenn man überhaupt noch von einem solchen reden konnte, verschmolzen zu einem verwindungsfesten Konstruktionsteil. Es entstand ein Gerippe, das in Form und Material einem Flugzeugrumpf glich. Denn auch das Material des Flugzeugs, die hochwertigen Aluminiumlegierungen, wurden zum großen Teil übernommen, um an Gewicht zu sparen. Diese Gewichtsersparnis war so wesentlich, daß z.B. ein NWF 3 ½-Tonner-Omnibus trotz umfangreicher Ausstattung in seiner Raumausnutzung einem Fünf-Tonner gleichkam! Die Senkung des Gewichts war ein entscheidender Punkt in der Wirtschaftlichkeit und damit für die Verwendung des NWF-Omnibusses. Durch das geringe Leergewicht im Verhältnis zur Nutzlast senkten sich die Betriebskosten. Dadurch konnten Kosten für Sprit, Schmieröl und Bereifung gespart werden. Die Kraftfahrzeugsteuer verminderte sich außerdem erheblich. Die feste Zellenbauweise wirkte sich auch auf die Lebensdauer des NWF-Busses aus. Die Ge-

Mercedes-Benz O-Bahn in der Erprobung 1985. Die Firma präsentierte dieses System auch auf der Weltausstellung 1986 in Vancouver.

schwindigkeiten konnten wesentlich erhöht werden. Die Karosserie blieb geräuschfrei, und der tiefgelagerte Schwerpunkt der NWF-Busse verbesserte die Kurven- und Straßenlage. Die NWF-Schnellbusse besaßen Heckmotoren. Die dadurch erreichte Sitzplatzverteilung war nicht nur für die Fahrgäste günstiger, sondern gab dem Fahrzeug eine vollkommen neue Lastenverteilung. 38 – 42 Sitze konnten im Innern der NWF-Busse untergebracht werden. Die Innenwände waren bis zur Dachseite mit polierten Kunststoffplatten verkleidet, der Fußboden war aus Stahlblech und mit Korklinoleum ausgelegt. Mit dem Bau des chassilosen Busses nach dem Fockeschen System gehörte NWF Anfang der fünfziger Jahre zur Avantgarde der deutschen Omnibushersteller. Angetrieben wurde der NWF-Stromlinienbus von einem Ford-Dieselmotor (6 Zylinder / 90 PS); zudem stammten die Achsen und das Getriebe von Ford (sperrsynchronisiertes Vierganggetriebe). Trotz des »New Look« des NWF-Busses schrieb das Wilhelmshavener Unternehmen auf Dauer keine schwarzen Zahlen. 1955 mußte es Konkurs anmelden.

O-Bahn

Die O-Bahn ist ein von Daimler-Benz konzipiertes System für den öffentlichen Personen-Nahverkehr. Sie verbindet die Vorteile des Omnibusverkehrs mit denen der schienengebundenen Bahn. Im Unterschied etwa zur Straßenbahn ist der O-Bahnbus nicht nur auf eine vorbestimmte Trasse festgelegt, sondern kann auch frei gelenkt werden. In Ballungsgebieten und während der täglichen Rush-Hour fährt die O-Bahn auf einem eigenen Weg mittels Spurführung und umgeht damit die Staus. Sobald die Verkehrsdichte wieder geringer ist, er also die »neuralgischen Zonen« verlassen hat, wird er wieder individuell gelenkt. Zum Einsatz kommen Busse aus der Großserienfertigung, die mit Lenkrollen in der Spur gehalten werden. Diese Spur besteht aus Betonfertigteilen. Bei Bedarf können auch vorhandene Straßenbahntrassen mit einer O-Bahntrasse erweitert werden, sodaß beide Verkehrsmittel einen gemeinsamen Fahrweg benutzen und damit in eng bebauten Innenstädten Platz gewonnen wird.

O-Bahnbusse verkehren seit 1980 in Essen auf einer 1,3 km langen Strecke. Im Einsatz befinden sich dort 21 Mercedes-Benz-Schubgelenkbusse. Ein weiterer O-Bahntunnel in der Essener Innenstadt ist gerade im Bau. Die Stadt Regensburg plant eine O-Bahn unter dem historischen Stadtkern; und in Adelaide (Australien) sind schon 6 km O-Bahn in Betrieb.

Opel

1935 errichtete Opel in Brandenburg an der Havel ein Lastwagenwerk, in dem nur ein einziges Produkt vom Band lief, der 2-, 2 ½- und 3-Tonner Opel-Blitz. Ihn gab es in allen nur möglichen Varianten, vom Halbkettenfahrzeug bis zum Allradtyp. Und natürlich gab es den »Blitz« auch mit Busaufbau. Während des Zweiten Weltkriegs wurde das Werk, dessen Leiter der spätere VW-»Autokönig« Nordhoff war, zerstört. Was übrig blieb, fiel der Demontage anheim. 1946 verließ der erste Nachkriegs-»Blitz« wieder das Opel-Fließband,

Opel-Bus auf 1¾ to.-Blitz-Fahrgestell mit 17/1 Sitzen (um 1952).

nunmehr im Stammwerk Rüsselsheim gefertigt. Ein vollkommen neu konzipierter Blitz 1,75 Tonner kam erst 1952 wieder heraus. Dessen Chassis eignete sich gut für Busaufbauten (17 + 1 Sitze). Auf der IAA 1959 präsentierte Opel seinen Blitz mit neuem Gesicht. Der 1,9 Tonner mit der Kurzhaube wurde u.a. mit 14- und 17sitzigen Busaufbauten ausgeliefert. Heute bietet Opel in der »Bus-Schnapsglasklasse« nur noch den Bedford Blitz an, der jedoch der VW-Konkurrenz nicht im geringsten gewachsen ist.

Rathgeber

Neben Straßenbahnzügen, Ferntriebwagen, DB-Personen- und Güterwagen (Spezialität: Kühlwagen) offerierte die Waggonfabrik Jos. Rathgeber AG, München, in den fünfziger Jahren auch Busaufbauten sowie Busanhänger. Der Rathgeber-Großraumbus für Fahrgestelle mit Heck- oder Frontmotor wurde als Stadt-, Touren- oder Fernreisebus ausgeführt (54 Sitzplätze). In Serienfertigung erfolgte die

Herstellung des Rathgeber Niederflur-Busses RO 4000 mit tragendem, verwindungssteifem Bodengerippe des Aufbaus, wodurch ein besonderer Fahrgestellrahmen erspart blieb. Als Antriebsmotoren konnten wahlweise bestellt werden: a) luftgekühlter 4-Zylinder-Deutz-Diesel-Motor F 4 L 514, 90 PS, Hubraum 5322 ccm; b) wassergekühlter 4-Zylinder-Steyr-Diesel-Motor WD 413, 90 PS, Viertakt, Hubraum 5322 ccm.

Tempo

Von 1950 bis 1967 gab es unter dem Namen »Tempo« Kleinbusse auf Basis von verschiedenen Transportern und Kleinlastern der Hamburger Firma Vidal & Söhne. Der Matador-Luxus war ein 15sitziger Kleinbus, der unter anderem von der Hamburger Hochbahn AG im Nahverkehr eingesetzt wurde. Die Karosserie stammte von Mikafa. Wurde der Matador bis 1952 vom VW-Motor angetrieben, so erfolgte 1952 mit dem »Matador 1000« eine Umstellung auf einen Dreizylinder-Zweitak-

ter von Heinkel. Zu dieser Zeit kostete der Bus ca. 8.600,- DM. Auch die Tempo-Modelle Wiking/Rapid und Matador E gab es Kleinbusvarianten. 1967, nach der endgültigen Übernahme durch Hanomag-Henschel, verschwand der Markenname »Tempo«.

Rathgeber Typ R-D 44 auf einem Krauss-Maffei-Fahrgestell. Ganz unten: Tempo-Matador 1400, Bj. 1954 der Hamburger Hochbahn AG.

Die FFG-Hamburg entwickelte diesen Schubgelenk-Prototypen (VÖV II) mit Unterstützung des Bundesministers für Forschung und Technologie. Er wurde zum Muster der aktuellsten Standardlinienbusse.

Unterflurmotor

Der erste Autobus mit Unterflurmotor wurde schon 1929 von den Firmen Büssing und Hawa entwickelt, wobei der Motor in der Fahrzeugmitte, — seitlich unter einer Sitzbank stehend — montiert wurde. Es dauerte noch bis zum Jahre 1936, bis es den Büssing-Konstrukteuren gelang, den Unterflur-Diesel-Motor liegend zu installieren. Der Vorteil lag auf der Hand: optimale Ausnutzung des Fahrgastraumes.

VÖV-Standardbus

Vor dem Zweiten Weltkrieg baute jeder Hersteller seinen Autobustyp. In den Nachkriegsjahren setzte sich jedoch die Erkenntnis durch, daß es billiger sei, einen Autobus »von der Stange« zu kaufen. So entwarf der VÖV (Verband Öffentlicher Verkehrsbetriebe) im Jahre 1956 einen Standardbus mit ca. 11 m Länge, 180 PS, Heckmotor und Luftfederung, der fortan als Standard-Stadtbus Furore machte. Ihm zur Seite wurde vom »Arbeitskreis Standard-Überlandlinien-Bus« (STÜLB) das Modell für die Landstraße gestellt, zweckmäßigerweise vom Stadtbus nur unterschieden durch ein Mehr an Sitzplätzen und Kofferraum. Mittlerweile allerdings sind so viele Sonderwünsche an den beiden Grundtypen möglich, daß eine hübsche Unordnung besteht, die nach neuen Richtlinien schreit.

Volkswagen

1950 bekam der Volkswagen-Käfer einen großen Bruder, den »Bully«, den es vom ersten Produktionsjahr an auch als Kleinbus gab. Bis 1955 wurde auch der Bully im Wolfsburger Werk gefertigt. 1955 wurde die Transporterproduktion in ein hierfür eigens eingerichtetes Werk in Hannover verlegt. Luxuriösester Bully-Vertreter war der Achtsitzer-Bus in »Sonderausführung«, der als Pkw zugelassen werden konnte. Er besaß ein 1,34 m zu öffnendes Golde-Sonnendach, Rundumverglasung und Plexiglasscheiben im Dach sowie viel Chromschmuck. Selbst die vordere Stoß- stange glänzte grell auf. Die Armaturentafel reichte über die gesamte Fahrerhausbreite. Kostenpunkt 1960: 8475 D-Mark (Normalausführung Achtsitzer: 6975 D-Mark). Auf Wunsch sorgte eine Eberspächer-Heizung für wohlige Wärme (ab 1954). 1967 wurde der Transporter in Form und Technik durchgreifend modernisiert. Markantestes Merkmal war die durchgehende Frontscheibe. Auch die dritte Generation, mit der der Wagen sein Äußeres grundsätzlich veränderte, behielt als Grundprinzip die vom Käfer vererbte Unterbringung des Motors im Heck bei. Ab 1975 machte der Lastentransporter (LT) aus dem eigenen Haus dem Bully Konkurrenz. Der LT, angesiedelt zwischen Kleintransporter und Kleinlastwagen, bietet als »City-Bus« im Nahverkehr 12 Sitze und 10 Stehplätze.

Vomag

Die Vogtländische Maschinenfabrik (vorm. J.C. & H. Dietrich) Aktiengesellschaft, Plauen i.V., befaßte sich seit 1915 mit der Herstellung der »Vomag«-Lastkraftwagen und Om-

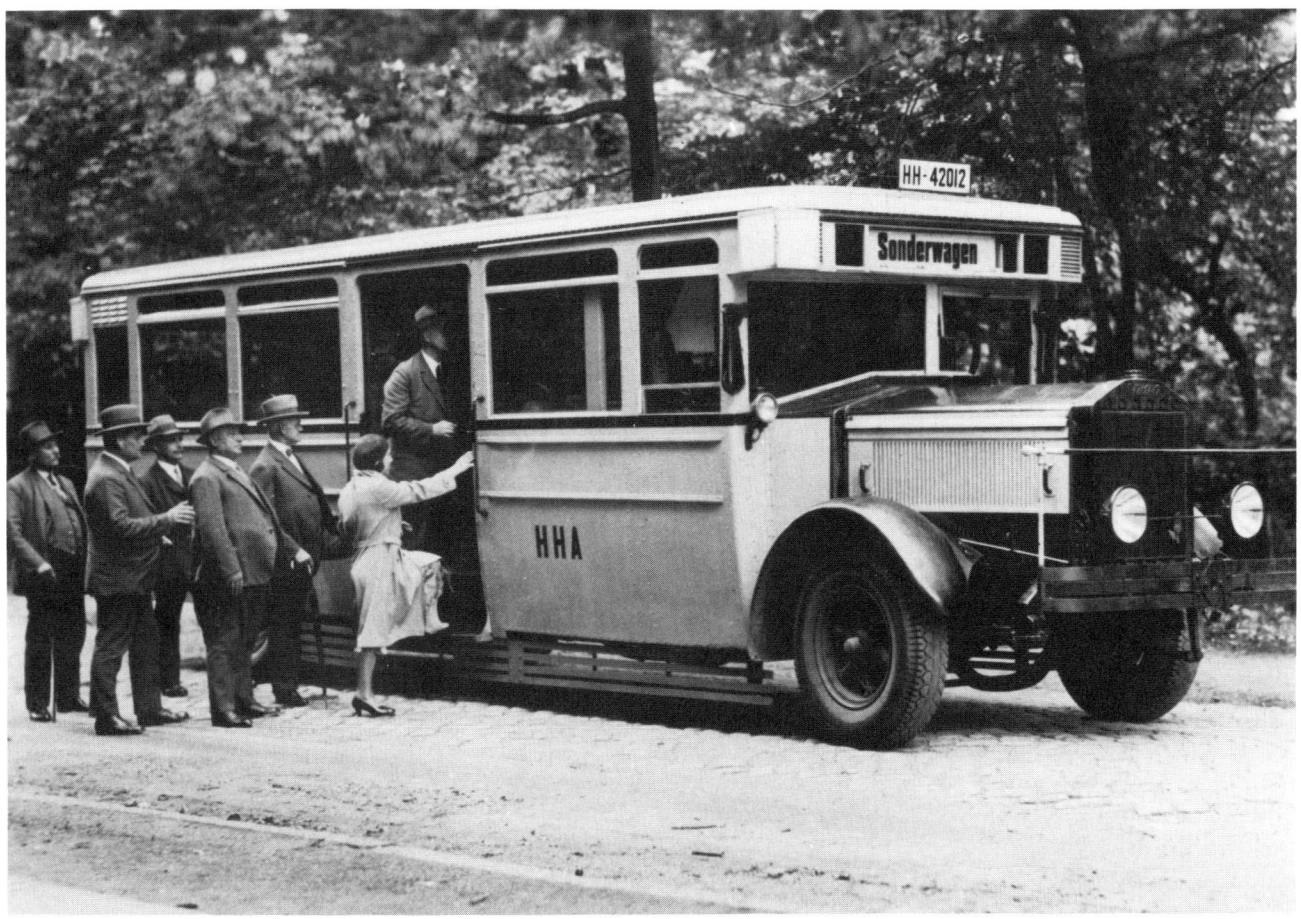

Vomag-Bus mit 7 Liter Maybach-Motor, wie er von 1930 bis 1949 bei den Hamburger Hochbahnen im Einsatz war.

nibusse. Das Werk erzeugte zudem noch Druckereimaschinen, Stickmaschinen und Webstühle. Um eine Verbilligung der Fahrzeuge zu erzielen, erfolgte Ende der zwanziger Jahre eine Typenzusammenlegung. Es wurden von diesem Zeitpunkt an ausschließlich ein spezielles Chassis mit zwei Radständen für den Omnibusbau fabriziert. Dieses Omnibusfahrgestell war abweichend von dem Lastwagenchassis mit Linkssteuerung, hinter dem Fahrersitz verbreitertem Rahmen, größeren Federlängen und bei der Hinterachse mit zweistufiger Federung ausgeführt. Die Vomag-Busse wurden wahlweise mit Sechszylindermotoren aus eigener Fertigung (130 PS) oder mit 7-Liter-Maybach-Motoren (100 PS) ausgerüstet. Das Dreiganggetriebe stammte von der Zahnradfabrik Friedrichshafen; die Kraftübertragung erfolgte per Kardan. Hauptabnehmer der Vomag-Busse war die Kraftverkehrsgesellschaft Sachsen AG, die fast durchweg nur die Busse aus Plauen einsetzte. Im Laufe der Weltwirtschaftskrise stagnierte der Absatz der Vomag-Wagen; 1932 geriet das Unternehmen in Konkurs. Eine Auffanggesellschaft führte im gleichen Jahr den Betrieb weiter. In den dreißiger Jah-

ren wurden den Vomag-Bussen in hohem Maß Dieselmotoren aus eigener Fertigung (von 85 bis 140 PS) eingepflanzt; außerdem offerierte das Unternehmen während des Zweiten Weltkriegs seine Busse mit speziell auf Holzgasbetrieb abgestimmten Motoren. Die Betriebsanlagen wurden während des Krieges durch Luftangriffe völlig vernichtet.

DER AUTOR

Ulrich Kubisch * 1951 in Bremen, studierte in Zürich und Berlin Geschichte und Slawistik. Nach dem Examen und dem Volontariat in einem Hamburger Zeitschriftenverlag ließ er sich zunächst in Berlin als freier Journalist nieder. Heute ist er Mitarbeiter des »Museum für Verkehr und Technik« und verfaßt regelmäßig Beiträge zu automobilhistorischen Themen für Tages- und Wochenzeitungen. Regelmäßig schreibt er für die größte europäische Oldtimer-Zeitschrift »Markt für klassische Automobile«. In der Reihe »Verkehrskultur und -technik« sind von ihm bisher erschienen: »**Borgward** — Ein Blick zurück auf Wirtschaftswunder, Werksalltag und einen Automythos« , »Motor**ROLLER** mobil — Vom zivilisierten Zweirad zum Fast-Automobil — Eine Geschichte der Massenmotorisierung« und »AllerWelts Wagen — Die Geschichte eines automobilen Wirtschaftswunders«. Ferner veröffentlichte er Bücher über das Taxi, den Automobilbau in Berlin, die Marke Hansa-Lloyd und den Motorradhersteller Zündapp. Während seines Studiums arbeitete Ulrich Kubisch einige Jahre als Reiseleiter.

LITERATURANGABEN

Schenk, Huss, *Omnibusgeschichte*, Bd. 1, München 1982

Hartmann, Reichard, Waltking, *Autobusse im Linienverkehr*, Düsseldorf 1978

Klaus Rabe, *Aller Laster Anfang. Technik, Geschichte und Geschichten*, Braunschweig 1985

Ralf J.E. Kieselbach, *Stromlinienbusse in Deutschland. Aerodynamik im Nutzfahrzeugbau 1931-1961*, Stuttgart, Berlin, Köln, Mainz 1983

Werner Oswald, *Lieferwagen Transporter Kleinbusse 1945-1980*, Stuttgart 1984

Werner Oswald, *Mercedes-Benz Lastwagen & Busse 1886-1986*, Stuttgart 1986

Manfred Schindler, *Otto Kässbohrer in seinen Worten, in seinem Wirken, in seiner Zeit*, Ulm 1984

Dieter Hanke, Eberhard Schaa, *50 Jahre Auwärter-Neoplan 1935-1985*, Darmstadt 1986

MAN Nutzfahrzeuge GmbH (Hrsg.), *H. Büssing Mensch Werk Erbe*, München 1986

Carl-Friedrich Baumann, *175 Jahre Henschel. Der ständige Weg in die Zukunft 1810--1985*, Moers 1985

Pat Kennett, *MAN*, Cambridge 1978

Siegfrid Matthes, *Der Oberleitungsomnibus. Ein Abriss seiner Entwicklungsgeschichte*, Dresden 1979

M. Schattenhofer, *Vom Groschenwagen zur Untergrundbahn. 100 Jahre Münchener Stadtverkehrsmittel*, München 1972

Rolf Löttgers, *Der Uerdinger Schienenbus. Nebenbahnretter und Exportschlager*, Stuttgart 1985

Alfred Gottwald, *Autos auf Schienen*, Stuttgart 1986

Bremer Straßenbahn AG 1876 1976, Bremen 1976

Vestische Straßenbahnen GmbH. Chronik 1901-1976, Herten 1976

EVAG, *Eine vernünftige Alternative im Großstadtverkehr 1893-1983. 90 Jahre öffentlicher Personennahverkehr in Essen*, Essen 1983

75 Jahre Stadtverkehr Hildesheim 1905-1980, Hildesheim 1980

100 Jahre Heidelberger Straßen- und Bergbahn AG, Heidelberg 1985

Ferner wurden Druckschriften öffentlicher Nahverkehrsbetriebe und der Nutzfahrzeughersteller ausgewertet. Zur Ergänzung wurden diverse Motorfachzeitschriften gesichtet und konnte auf Archivbestände des Berliner Museums für Verkehr und Technik sowie privater Sammler zurückgegriffen werden.

Weiteres Material lieferten Wochenzeitungen und Illustrierte, die im Publizistischen Institut der FU, der Amerika Gedenkbibliothek sowie der Staatsbibliothek (alle Berlin) zugänglich waren.

Wir danken den Firmen, Institutionen und Sammlern für ihre freundliche Unterstützung.

Unser Dank gilt namentlich:

Heiner Heseding, Berlin
Dietbert Kessler, Berlin
Frank Wendler-Griesel, Bremen
Steve Schmidt, Berlin
Heiner Zeisberg, Berlin
Rolf F. Ludewig, Essen
Alfred Gottwald, Berlin
Daimler-Benz AG, Frau Feifel
Gottlob Auwärter GmbH & Co., Herrn Fehrle
Audi AG, Firmenarchiv
IVECO Magirus AG, Herrn Szameitat
Adam Opel AG, Abt. Öffentlichkeitsarbeit
Ford-Werke AG, Herrn Zamfirescu
Fried. Krupp GmbH, Frau Köhn-Lindenlaub
Karl Kässbohrer Fahrzeugwerke GmbH, Herrn Hillebrand
Landesbildstelle Hamburg, Frau Christians
Photohaus Pförtner, Westerland/Sylt
Stadtwerke / Verkehrbetriebe München, Frau Arnold
Verkehrs- und Wasser GmbH Oldenburg, Herrn Winter
Bremer Straßenbahn AG, Herrn Pietsch
Üstra Hannover, Herrn Fritz
Rhein-Main Flughafen AG, Herrn Wustrack
Kölner Verkehrs Betriebe, Herrn Dr. Ross
Essener Verkehrs-Aktiengesellschaft, Abt. Öffentlichkeitsarbeit
Krefelder Verkehrs AG, Herrn Ernst
Stadtwerke Münster, Herrn Gerhardus
Berliner Verkehrs Betriebe (BVG), Herrn Konzog
Stadtwerke Offenbach, Herrn Steinbrecher
Kieler Verkehraktiengesellschaft, Herrn Scharpf
Wuppertaler Stadtwerke AG, Herrn Thiemann
VAG Verkehrsaktiengesellschaft Nürnberg, Herrn Wentzel
Stadtwerke Osnabrück AG, Herrn Seeger
Würzburger Straßenbahn GmbH, Herrn Dornberger
Dortmunder Stadtwerke AG, Fr. Schlüter
Betriebe der Stadt Mühlheim an der Ruhr
Stadtwerke Hildesheim, Herrn Wolter
Heidelberger Straßen- und Bergbahn AG, Herrn Solberg
Stadtwerke Mainz, Abt. Fahrbetrieb
Stadtwerke Bielefeld, Herrn Klaiber
Küstenmuseum Wilhelmshaven
Staatsarchiv Bremen, Herrn Dr. Patemann
Bremer Blatt, Redaktion